C.H.BECK WISSEN

Die Kunst des 19. Jahrhunderts ist geprägt durch den Konflikt zwischen einer immer phantastischeren Historienmalerei und Tendenzen, die sich entschieden dem modernen Leben zuwandten. Im Realismus und im Naturalismus äußerte sich der wissenschaftliche, unternehmerische Geist des Industriezeitalters, aber auch die Sorge um die soziale Frage. Ihnen folgten Gegenströmungen wie der Dekadentismus und der Symbolismus, in denen die Innenwelt in den Vordergrund rückte. Michael F. Zimmermann erläutert, wie die verschiedenen «ismen» entstanden, was sie voneinander unterscheidet und wo die Grenzen zwischen ihnen fließend werden. Er stellt ihre Protagonisten wie auch die großen Einzelgestalten vor, die sich einer eindeutigen Zuordnung entzogen. Schließlich führt er in die neuen Medien dieser Zeit ein, allen voran die Fotografie, und erklärt, wie sie die Kunst der Epoche insgesamt veränderten.

Michael F. Zimmermann ist Professor für Kunstgeschichte an der Katholischen Universität Eichstätt-Ingolstadt. Bei C.H.Beck ist von ihm erschienen: *Lovis Corinth* (2008).

Michael F. Zimmermann

DIE KUNST DES 19. JAHRHUNDERTS

REALISMUS – IMPRESSIONISMUS – SYMBOLISMUS

C.H.Beck

Mit 51 Abbildungen, davon 22 in Farbe

Für David

2. Auflage. 2020

Originalausgabe

www.chbeck.de
Satz: Fotosatz Amann, Memmingen
Druck und Bindung: Druckerei C.H.Beck, Nördlingen
Umschlagabbildung: Édouard Manet, Atelierfrühstück,
1868, Öl auf Leinwand, 118 x 154 cm, München,
Neue Pinakothek, © Blauel/Gnamm – Artothek
Reihengestaltung Umschlag: Uwe Göbel (Original 1995, mit Logo),
Marion Blomeyer (Überarbeitung 2018)
Printed in Germany
ISBN 978 3 406 75223 0

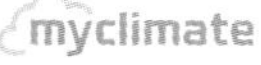

klimaneutral produziert
www.chbeck.de/nachhaltig

Inhalt

I. Einführung: Die Industrialisierung der Bilder und die Befreiung der künstlerischen Subjektivität

Profil und Aktualität der Epoche

Im Zentrum der Kunst von der Mitte des 19. Jahrhunderts bis zur *Belle Époque* um die Jahrhundertwende steht die Malerei des Impressionismus – zunächst eine abfällige Bezeichnung für die Arbeiten von Künstlern, denen man vorwarf, sich mit flüchtigen Eindrücken zufriedenzugeben, ohne zu vollgültigen Werken zu gelangen. Die genannte Zeitspanne ist aber ebenso die Epoche der Industrialisierung, die auch die Reproduktion und die Produktion der Bilder erfasste: Neben die Gemälde und Skulpturen traten Illustrationen, Fotografien und schließlich Filme. Sie vermittelten Vorstellungen von fernen Welten, aber auch von der eigenen Gesellschaft, von den Reichen und Schönen wie von den Elenden und Hungernden. Das Publikum wurde durch eine steigende Zahl von Bildern gebildet und unterhalten, manipuliert und organisiert. Schließlich erlebte die Zeit auch erste Triumphe des Jugendstils und des *Art Nouveau*, der Konsumgesellschaft sowie des Vergnügungsbetriebs vom Varieté-Theater bis zum Film.

Der Impressionismus führt eine aufstrebende urbane Mittelschicht vor. Sie ergreift von der Landschaft Besitz, die immer mehr in die Reichweite der neuen Verkehrsmittel kommt. Natur ist hier nicht mehr schicksalhafte Gegenkraft des menschlichen Strebens. Für Ausflügler und für Touristen wird sie zur Stimmung. Diese auch sozial immer mobilere Gesellschaft findet Eingang in unser heutiges imaginäres Museum: Im Impressionismus begegnen wir uns selbst. Hervorgegangen war er aus Realismus und Naturalismus, deren Hauptvertreter wie Gustave Courbet und Jean-François Millet, später

Wilhelm Leibl und Max Liebermann dem bürgerlichen Kunstpublikum die oft noch düsteren Welten einer vorindustriellen, vom Fortschritt benachteiligten Welt präsentierten. Die fortschrittsgläubige Zeit wandte sich zuerst dem Fremden zu, dem vom Fortschritt Ausgeschlossenen, bevor das Eigene durch Bilder neu erlebbar gemacht wurde. Zeitgleich setzten sozialistische und kommunistische Bewegungen die soziale Frage auf die Agenda, und Realisten wie Naturalisten schlossen sich ihnen an. Erst im Impressionismus triumphierte dann eine unternehmerische Generation, die von Wissenschaft, Technik und freier Warenzirkulation, von Arbeit und Kapital die Lösung der historischen Herausforderungen erwartete. Der Aufbruch hielt jedoch nicht ewig an: Enttäuscht von der industrialisierten Welt, aber auch vom Alltag parlamentarischer Debatten, schuf man wieder Platz für Träume und Phantasien, für die Mythen und Religionen aller Zeiten. Die Gegenbewegungen fasste man bald unter dem Stichwort des Symbolismus zusammen.

Der zeitliche Rahmen dieser Entwicklungen wird durch die Jahre 1848 und 1900 abgesteckt. Am Anfang standen Revolutionen, die seit März 1848 ganz Europa erschütterten und – trotz ihres Scheiterns – Ziele der Emanzipation und Demokratisierung setzten. Das Ende markiert ein Medienereignis, die Pariser Weltausstellung des Jahres 1900, auf der sich die *Belle Époque* feierte. Dazwischen lag der Aufbau moderner Nationalstaaten, besonders in Italien und Deutschland, dem im Ersten Weltkrieg der Zusammenbruch Österreich-Ungarns und des Osmanischen Reiches folgen sollten. Prägend für die Epoche waren auch die Fortführung des älteren Kolonialismus bis zur Aufteilung der gesamten Welt sowie die Entdeckungen Charles Darwins über die Evolution von Mensch und Tier durch natürliche Zuchtwahl sowie ihre Auswirkungen auf Sozialdarwinismus, Nationalismus und Rassismus.

Die Welt der Kunst des späteren 19. Jahrhunderts soll in diesem Buch von ihrem Zentrum aus betrachtet werden: «Paris, Hauptstadt des 19. Jahrhunderts», so Walter Benjamin 1935, ist ein Kosmos, ein gebauter Traum des neuen Bürgertums, in dem das Bild, das sich die Moderne von sich selber machte, immer wieder neu ausgemalt wurde.

Eine neue Bildkultur

Seit der Aufklärung waren die Bilder aus ihrer ursprünglichen Einbettung in gesellschaftliche Rituale und den religiösen Kult entlassen worden. Bildgattungen wie die Historien- und Landschaftsmalerei verloren ihre Bindung an überkommene Erwartungshaltungen. Das Glück fand sich nicht mehr in Arkadien, in der Idylle oder im Interieur, sondern in diesseitigen Träumen von Luxus und Erotik, die man jedoch in eine ausschweifende Antike oder in einen «ewigen» Orient hineinprojizierte. Umgekehrt war der Schrecken nicht mehr in der Unterwelt oder in Martyrien beheimatet, sondern fand sich in Krieg und Tod, Krankheit und Wahnsinn. In immer neuen Schüben hatte zuvor die Romantik als eine «permanente Revolution» (Charles Rosen und Henry Zerner) den Bildern neue Höhen und Tiefen des Emotionalen erschlossen. Seit Mitte des Jahrhunderts griff dann die Fotografie in die Produktion und Zirkulation der Bilder ein.

Nach den Revolutionen des Jahres 1848 warfen Künstler mit vorher ungekannter Insistenz in ihren Werken auch ethische Fragen an das Bild auf: Vermittelten Bilder überhaupt ein verantwortbares Bild des Menschen und der Welt als Raum für einzelnes und gesellschaftliches Agieren? Wenn Courbet 1849 die verrohten *Steinklopfer* an der Straße durch das Tal der Loue zeigte, so wollte er die Zeitgenossen mit dem übersehenen Leben konfrontieren, dem alle menschlichen Rechte verwehrt wurden. Die seinerzeit zirkulierenden Bilder hingegen wurden dieser Wirklichkeit nicht gerecht. Die Stellungnahme zur sozialen Frage wurde untrennbar von der durch jeden Einzelnen zu verantwortenden Suche nach seinem Platz. Karrieren wie die Courbets und Manets, Vincent van Goghs oder Edvard Munchs zeugen von dieser Suche, zugleich nach persönlichem und gesellschaftlichem Sinn.

Die zweite Hälfte des 19. Jahrhunderts stellte das Leben in ein Spannungsfeld zwischen Idealisierung und Kritik: So wurde die Familie zum Idyll stilisiert, aber auch als Ursprung von

Ängsten und Neurosen befragt. Die Nation wurde zur ewigen, überhistorischen Heimat ihrer Bürger übersteigert, aber auch als Ort der Ungleichheit und der rassistischen Selbstabschließung kritisiert. Das Geschlechterverhältnis wurde auf die Klischees öffentlicher Männlichkeit und privater Weiblichkeit, aggressiver Welteroberung und mütterlicher Erfüllung reduziert. Frauen verkörperten das «ewig Weibliche», «fatal» für die Männer, die in ihnen der Natur und dem Tod begegneten. Zugleich fanden Künstlerinnen, die, wie Berthe Morisot oder Mary Cassatt, emanzipiert am öffentlichen Leben teilnahmen, allgemeine Anerkennung. Die Religion wurde mit neuer Innigkeit einer vielleicht allzu bilderfreudigen Phantasie nahegebracht. Zugleich wurde sie als Feindin der Aufklärung karikiert oder mit anderen Religionen quergelesen – synkretistisch und dadurch relativierend. Aufklärung schließlich wurde als Religion des Fortschritts verabsolutiert. Oder sie wurde als lähmende Krankheit einer durch überzogene Arbeitsteilung dekadent gewordenen Gesellschaft verabschiedet, welche nur durch die Gegenmythen des Primitivismus heilbar erschien.

Suggestion und Reflexion

Das spätere 19. Jahrhundert lebte von diesen Antagonismen. Im gleichen Zuge spaltete sich die Welt der Bilder auf in solche, die auf unmittelbare Wirkung und gesteigerte Illusion aus waren, und andere, die zur Reflexion einluden. Die Reflexion galt den Phantasmagorien, die eine immer opulentere Historienmalerei vorführte, zunehmend aber auch der Werbung, dem käuflichen Spektakel und der politischen Propaganda. Sie betraf jedoch ebenso das Bild selbst: Im Bild wurde philosophisch ausgelotet, was Bilder eigentlich leisten und welche Freiheiten sie der Imagination gegenüber den Manipulationen der industrialisierten Phantasie erschließen. Immer deutlicher standen Suggestion und Bildaufklärung einander gegenüber – hier der Blickfang, dort die Einladung zum zweiten Blick. Über Kunst wurde im späteren 19. Jahrhundert nicht nur philosophiert, sondern sie wurde selbst philosophisch. Eine Minderheit im Kunstbetrieb hatte sich von der industrialisierten Bildproduktion abgesetzt und einen davor geschützten Bereich reklamiert. Solche Selbstkritik der Gesellschaft im Medium des Bildes wurde in diesem Bereich einer autonomen Kunst toleriert und bald sogar erwartet. Zwar war die Kunst durchweg geprägt von den großen Themen des 19. Jahrhunderts, Leben, Arbeit, Eros und Geschlecht, und oft spielte sie die Begleitmusik zum Siegeszug des Liberalismus. Den Aus- und Zurichtungen des Menschen durch neue Ideologien – von Anarchismus, Sozialismus und Kommunismus bis zu Nationalismus, Sozialdarwinismus, Imperialismus und Rassismus – stellte die Kunst jedoch zugleich immer wieder neue Bereiche des Menschlichen entgegen, die im Kanon des Akzeptablen noch keinen Platz hatten: die Kreativität von «Naturvölkern», die keineswegs nur abwertend als «Primitive» bezeichnet wurden, die schöpferische Kraft der Kinder, Außenseiter und Geisteskranken, schließlich die mäandrierenden Tagträume, in denen eine unzensierte Phantasie in die Wunschbereiche jenseits der Stereotypen vorstieß.

Im 19. Jahrhundert eroberte sich die Kunst eine Freiheit, die sie zuvor niemals besessen hatte. Erst seit dem späten 18. Jahrhundert galt sie als eigener Zugang zur Wahrheit. Ihre Freiheit wurde durch autonome ästhetische Standards fernab aller kommerziellen oder ideologischen Indienstnahmen gesichert. Sie zielte auf gesellschaftliche Wirksamkeit – allerdings auf eine Wirksamkeit von eigener, genuin künstlerischer Art. In diesem ausdifferenzierten Bereich autonomer Kunst hatte das Menschliche sein Recht, auch gegen vorgefasste Vorstellungen immer neu zu Gestalt – und damit zu sich selbst – zu finden. Die Ausübung einer freien, autonomen Kunst wird heute zu Recht als unveräußerliches Menschenrecht für alle beansprucht. Die institutionelle Verankerung dieses Rechts aber hat im 19. Jahrhundert begonnen.

Zu diesem Buch

In den folgenden Kapiteln wird der Leser zunächst vor einem Bild von Édouard Manet in das Jahr 1882 entführt. Anschließend werden künstlerische Programme um die verschiedenen

-ismen des späteren 19. Jahrhunderts vorgestellt und exemplarische Werke besprochen. Abschließend werden neue Medien von der Fotografie bis zum Bildplakat erörtert. Wer sich über die Institutionsgeschichte des Kunstsystems informieren will, findet dazu einen Text auf der Website des Autors (s. Literaturhinweise, S. 123). Der Leser kann die Kapitel einzeln lesen oder die Reihenfolge der Lektüre ändern.

In der Kunstgeschichte beherrschte bis in die 1960er Jahre eine zwar geistesgeschichtlich grundierte, doch prinzipiell werkimmanent vorgehende Formgeschichte das Feld. Man schilderte, wie die Kunst sich in dem hier behandelten Zeitraum immer mehr von den Traditionen des Pittoresken verabschiedete und ihre eigenen Verfahren vorzeigte, statt sie hinter der Illusion zu verbergen. Die Fläche des Bildes wurde von Paul Cézanne bis zum Kubismus als die des *objet-tableau*, des Gemäldes als Gegenstand, akzeptiert; die Farbe wurde von Manet bis zu Kandinsky fortschreitend von der Bindung an die dargestellten Objekte gelöst und als abstraktes Ausdrucksmittel zu sich selbst befreit. Ziel war die Abstraktion als internationale Kunstsprache, die in der amerikanischen Malerei seit 1945 und in der «westlichen» Kunst der 1950er Jahre Triumphe feierte. Dem trat seit den 1970er Jahren eine vor allem sozialgeschichtlich sensible *New Art History* entgegen. Die Autonomie einer ihren eigenen Formgesetzen folgenden Kunst suchte sie als «bürgerliche Illusion» zu entlarven. Von einer Sozialgeschichte, die ganze Gesellschaftsformationen wie auf der Bühne nach Klassen aufmarschieren und die Kunstwerke diesen «Hintergrund» illustrieren lässt, hat man sich heute jedoch ebenso verabschiedet wie vom utopischen Formalismus der klassischen Moderne. Soziale Verhältnisse, wissenschaftliche und kulturelle Entwicklungen, ideologische Formationen bilden gemeinsam das diskursive Gewebe, welches das Denken und Leben bestimmt. Im späteren 19. Jahrhundert spielten dabei Faktoren wie Völkerpsychologie und Nationalismus, Darwinismus und Rassismus eine Rolle, aber auch zukunftsweisende Tendenzen wie die Anfänge eines transnationalen Ausstellungs- und Publikationswesens, die physiologische Erforschung der Sinnesorgane und des Nervensystems, schließlich die Begründung der modernen Soziologie und Psychologie (einschließlich der Psychoanalyse).

Der Philosoph und Historiker Michel Foucault, auf den die Analyse von Diskurssystemen zurückgeht, hat auch den Begriff des medialen «Dispositivs» erfunden. Gemeint ist damit das System der Medien und der Künste, das die Produktion wie Rezeption von Texten und Bildern insgesamt reguliert. Die Begriffe «Diskurs» und «Dispositiv» führen uns darauf, dass selbst unsere Wünsche und Träume, so unmittelbar sie von uns Besitz ergreifen, doch vermittelt (eben durch «Medien») sind. Eine Kunstgeschichte, die danach fragt, was uns ein Künstler sagen will, verliert vor diesem Hintergrund ihren Sinn. Statt der Intention des Künstlers sollten wir uns dem zuwenden, was er tut, seinen Verfahren, seinen Positionen zum Gegebenen. Die Diskursanalyse bemüht sich darum, ein Produkt der Bildkultur in verschiedene Kontexte zu stellen. Die Untersuchung medialer Dispositive ist darauf aus, den Zusammenhang der Produktion und Rezeption von Medien wie Malerei, Fotografie oder Plakatkunst zu durchleuchten. Dafür ist die Rezeptions*geschichte* unerlässlich. Sie wertet die Quellen aus, welche die *tatsächliche* Wirkung eines Werkes historisch bezeugen, während eine fragwürdig gewordene Wirkungs*ästhetik* erklärt, wie ein Werk vor dem Hintergrund der kunsthistorischen Tradition vermeintlich wirken *muss*. Ein Gemälde wie Manets *Bar in den Folies-Bergère* wird in diesem Buch nicht aus den vermeintlichen Intentionen des Künstlers, auch nicht aus vorherigen Werken und Traditionen erklärt, sondern in ein intermediales Feld gestellt. Titelseiten der illustrierten Presse, Karikaturen, Plakate und Romane markieren den Kontext, zu dem Manet Stellung bezog. Welche Wahrheiten ein solches Kunstwerk einem modernen, großstädtischen Leben entreißt, welche Facetten des Menschlichen es neu erschließt, dies bleibt die Hauptfrage.

II. Kunst und Spektakel: Eine Begegnung im Jahre 1882

Im Varieté-Theater

Versetzen wir uns in die Epoche des späteren 19. Jahrhunderts und blicken mit einem Kunden in die Augen einer geistesabwesenden Bardame (Abb. 6). Die Örtlichkeit, an der es zu dieser etwas verstörenden Blickbegegnung kommt, entspricht so wenig den Standards des Akzeptablen wie ihre Wahl als Schauplatz eines Gemäldes, das uns dazu einlädt, uns in den so flüchtigen Augenblick hinein zu versenken. Wir haben uns in die *Folies-Bergère*, ein 1869 nahe der rue Bergère gegründetes Varieté-Theater, verloren. Schon der Ort steht für den Eroberungszug von Kommerz und Spektakel. Auf dem Grundstück hatte 1860 ein Geschäft mit angeschlossenem Garten, einer *folie*, eröffnet, in der man zu Getränken durch Chansons und Tanz unterhalten wurde. 1864 war eine *salle des spectacles* angefügt worden. 1869 schloss man den Laden und erweiterte dafür die Darbietungen – nach dem Vorbild des Londoner Theaters *Alhambra* – zum umfassenderen Programm eines Varieté-Theaters. Geboten wurde nun in stetigem Wechsel eine Mischung aus meist etwas anstößigen Liedern, Volkstheater und Commedia dell'Arte, Pantomimen und Operetten, Clownerien und Akrobatik, vor allem aber Ballett und aufreizenden Cancan-Tänzen. Das Programm war also populär, aber anspruchsvoller und abwechslungsreicher als das der sogenannten *café-concerts* und der städtischen Zirkusse. Neuartige, in bunten Farben gedruckte Bildplakate warben für das Etablissement, das mit einem Eintrittspreis von 2 Francs pro Abend nicht die armen Leute anzog. Als Gestalter der Poster konnten populäre Künstler von Jules Chéret (Abb. 1) bis Henri de Toulouse-Lautrec gewonnen werden. Bald war nicht nur das Programm auf seine Art exklu-

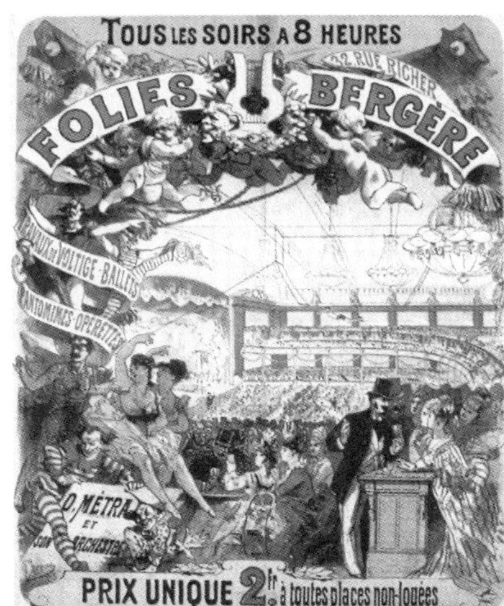

1 Jules Chéret, In den Folies-Bergère, 1875, Plakat (Farblithographie), Paris, Musée de la Publicité

siv, sondern auch das Publikum. Die Besucher verharrten keinesfalls passiv im Saal, sondern erlebten sich selbst als Teil des Spektakels. Nach den Ereignissen der Jahre 1870/71 übernahm ein neuer Pächter, Léon Sari, das Etablissement. Auf einer umlaufenden Empore des Saales ließ er kurzerhand die hinteren Sitzreihen entfernen und einen Umgang anlegen. Dieser *déambulatoire* wurde zur bevorzugten Promenade der Besucherinnen und ihrer Verehrer, sozusagen ein zu karnavalesker Stimmung gesteigerter Boulevard. Das Volk, das auf dieser inszenierten Promenade lustwandelte, konnte seinem eigenen Treiben in großen Spiegeln an der Wand zusehen. An einer Reihe von Bars, die gern an junge Engländerinnen verpachtet wurden, bot man anregende Getränke feil.

In diesem lärmenden Spektakel lässt uns Manet innehalten: Während wir gerade ein Getränk bestellt haben, verweilt unser Blick unerwidert für einen Augenblick auf dem Gesicht der momentan etwas verträumten Bardame. Mit beiden Armen auf die Kante ihres Tresens gestützt, bietet sie ihre durch das Korsett wie gedrechselt wirkende Silhouette dem Betrachter frontal dar. Vor ihren hellen Händen entfalten sich Stillleben erlesener Flaschen mit bekannten Etiketten, auch eine Fruchtschale mit Mandarinen ist zu sehen, alles Dinge, die sie servieren wird. Bald wird sie sicher ein Glas neben das kleine Blumenväschen vor sich stellen; der Perlwein wird neben der gelben und der rosa Rose vielleicht noch duftiger schäumen. Ihr Dekolleté ziert ein weiteres Blumenarrangement, ebenso perfekt wie fragil. Wenige Jahre bevor man erotisch attraktive Frauen auf Plakaten systematisch als Vermittlerinnen von Werbebotschaften zu zeigen beginnt, führt Manet uns eine moderne *Abundantia* vor, eine zeitgenössische Personifikation des Überflusses. Alles zeugt von ihrer Gewohnheit, sich dem Betrachter zuzuwenden. Und doch zeigt Manet sie in sich gekehrt, wie im Rückzug von jener attraktiven Dienstbereitschaft, die von ihr erwartet wird. Manet wählte für dieses Gemälde kein professionelles Modell. Eine Bardame namens Suzon kam in sein Atelier und stand für ihn Modell: Sie spielte sich selbst.

Der Betrachter identifiziert sich schließlich mit einem Kunden der Frau, doch erst nachdem er das Ambiente in dieser Komposition genauer erkundet hat. Denn längst hat er realisiert, dass die – nur erhoffte – Blickbegegnung sich inmitten der tosenden Menge des Theaters isoliert. Als Zeitgenosse mag er das elegante Theater anhand der Kugellampen der neuen Gasbeleuchtung identifizieren. Doch erst der Blick auf den vergoldeten unteren Rahmen eines großen Kristallspiegels, der hinter dem marmornen Tresen das Bild durchquert, lehrt ihn, dass das Ambiente hinter der Bar nur eingeblendet ist. Nun macht er rechts hinter der schönen Engländerin auch deren Spiegelbild aus: Viel bemühter scheint sie sich nun nach vorn zu beugen, ebenso erschöpft wie zugleich bestrebt, die Worte des Kunden im Getöse auch zu hören. Und vor ihr erkennt er nun sein Alter ego: einen Schmock, den karikierten Durchschnittstypen eines *boulevardiers*. Die Ausstattung mit Zylinder, Schnauzbart und Monokel kennzeichnet den Typus des anonymen Flaneurs derart stereotyp, dass manche Karikaturisten zu dessen Charakterisierung auf die restlichen Körperkonturen einfach verzichtet haben.

Manet, der nichts erfand, nichts erfinden konnte, hatte dennoch für die Gestalt ein Modell: den Militariamaler Henri Dupray. Balzacs Erfindung von «individualisierten Typen» in seinen Romanen könnte kaum eine treffendere Parallele in der Malerei finden.

Mit diesem Herrn müssen wir zunächst einmal in das Geschehen eintreten, um es überhaupt nachvollziehen zu können. Danach mögen wir uns davon distanzieren, wie so viele Kritiker und Kunsthistoriker: Die deutschen unter ihnen von Wilhelm Hausenstein bis zu Hans Jantzen haben die in sich versunkene Schönheit gern aus dem verdorbenen Pariser Treiben befreien wollen, in dem sie ihr begegneten; angloamerikanische Sachwalter einer kritischen Kunstgeschichte wie Linda Nochlin und Timothy Clark haben es später vorgezogen, das Gemälde im weiteren Sinne als Anspielung auf den Geschlechterkampf unter den Bedingungen des Kapitalismus, im engeren Sinne als Anspielung auf die Prostitution zu lesen. «Virgin and/or whore» (so Michael Paul Driskel) – für immer wird Manets Suzon ein Phantom beider Projektionsebenen bleiben.

Tatsächlich will dieses Gemälde zunächst einmal gelesen werden. Schon die Einblendung des weiten Runds des Zuschauerraums durch den Spiegel muss man entschlüsseln. Komplizierter ist es, sich aus der Perspektive einen Reim zu machen. Die linke Kante des Tresens aus weißem Marmor fluchtet in die Tiefe des Bildes schräg nach rechts zur Mitte hin. Doch entspricht dem auf der anderen Seite kein symmetrisches, zentralperspektivisches Fluchten: Die dort im Spiegel erscheinende Hauptperson ist im Gegenteil viel zu weit nach rechts gerückt. Wie in einer filmischen Montage wurde sie aus zwei verschiedenen Blickwinkeln so zusammengeschnitten, dass man beide Einstellungen gerade noch zusammenbringen kann. Das Mittel dazu ist eine Art Parallelperspektive, wie man sie etwa in der chinesischen Malerei und in den seit den 1860er Jahren im Westen begehrten japanischen Farbholzschnitten angewandt fand. In einem Artikel, der 1876 in *The Art Monthly Review* erschien, hat der Dichter Stéphane Mallarmé unterstrichen, wie sehr Manet sich um eine natürliche, nicht zentralperspektivisch konstruierte Perspektive bemühte und riet dabei auch zum Rückgriff auf Vorbilder aus dem fernen Osten. In der *Bar in den Folies-Bergère* folgt Manet diesem Rat und zeigt sein Vorgehen plakativ vor. Das Geschehen sollte aus der Sicht der Miterlebenden nahegebracht, nicht auf einer geometrisch vorgegebenen Raumbühne rekonstruiert werden. Während Mallarmé 1876 rühmte, dass der «Pollen» weiblichen Inkarnats bei Manet gerade durch frisches Tageslicht zum Blühen gebracht werde, betonte er doch im gleichen Atemzug den Kontrast zur modernen Erfahrung. Den «täglichen Jägern der Vorstellungskraft» begegne das «noble Phantom», «durch unsere Zivilisation der Nacht geweiht», doch eher «inmitten des grellen Glanzes [...] im Theater». Sechs Jahre später nahm Manet diese Herausforderung an. Statt Freilicht Gaslicht, statt duftigen Frühlings «Parisin»: eine in der Halbweltpresse berüchtigte Mischung aus Parfum und Nikotin, aber auch Strichnin, Anilin und Chinin, so Nestor Roqueplan in einem Pamphlet aus dem Jahre 1869.

Paris im Femininum

Nicht nur durch die perspektivische Montage erweist sich der Augenblick des Gemäldes als kunstvoll inszeniert. Die Protagonisten sind Variationen stereotyper Geschlechterrollen. Die attraktive Frau wird hier zur Allegorie des *déambulatoire*, doch stand schon dieser Laufgang für die anonyme Eleganz der Boulevards, und diese waren die Quintessenz von Paris. Weiblichen Figuren, die in ihrem biographischen Zyklus alle Höhen und Tiefen des Pariser Kosmos durchleben, waren die populärsten Romane der damaligen Zeit gewidmet. Und diese waren – wie heute das Kino – ein Massenmedium, das Mentalitäten formte. Nach dem Skandalroman der Ehebrecherin *Madame Bovary* von Gustave Flaubert, gegen den 1856 erfolglos ein Prozess wegen Verstoßes gegen die Sittlichkeit angestrengt wurde, etablierten die Brüder Edmond und Jules de Goncourt den naturalistischen Roman über Frauenschicksale als Genre. Eine Mischung aus klinischer Beobachtung und zurückhaltender Einfühlung machte die Romane trotz der provozierenden Sujets beliebt. *Germinie Lacerteux*, die namengebende Hauptperson eines

1865 publizierten Romans, ist ein Dienstmädchen, deren Doppelleben neben dem seiner prüden Herrin wie in einer Parallelmontage erzählt wird. Die Heldin, schon als Kind missbraucht, sucht Halt bei der zurückgezogenen Aristokratin, die erst nach dem Tod der Magd von deren Nachtseite erfährt. Von Anfang an kontrastiert ihre stille Welt mit dem Milieu Germinies, dem Viertel Saint-Georges mit seinen Freudenhäusern, dem billigen Tanzlokal der *Boule Noire*, den tristen Cafés, aber auch den Wochenendausflügen in das Pariser Umland. Die Magd kümmert sich zuerst um einen ihrer Neffen, der ins Ausland geht und dessen Tod man ihr verheimlicht, um weitere Geldzahlungen von ihr zu erhalten. Dann bemuttert sie Jupillon, den Sohn einer Lebensmittelhändlerin, liebt ihn, als er herangewachsen ist, abgöttisch, um im Gegenzug nur betrogen und auf einem Haufen Schulden sitzen gelassen zu werden. Émile Zola wurde zu seinem Roman *Nana*, 1880 erschienen, durch Manets 1879 ausgestelltes Gemälde einer stadtbekannten Kokotte inspiriert (Hamburger Kunsthalle). Die Erzählung hebt im nahe den *Folies-Bergère* am Boulevard Montmartre gelegenen *Théâtre des Variétés* an, wo ein Unterhaltungsstück, *Die blonde Venus*, aufgeführt wird. Eine Straßendirne, der reiche Liebhaber zum gesellschaftlichen Aufstieg verholfen haben, spielt die Hauptrolle. Der Roman folgt Nana durch die Salons der korrupten, bigotten Oberschicht, deren Männer dem stupiden Zynismus der Kokotte verfallen. Was sie anfasst, ruiniert sie, bevor sie selbst herabsinkt und elend an Pocken stirbt. Die *Folies-Bergère* selbst kommen in einem Roman ähnlichen Zuschnitts vor, wenngleich uns nun ein männlicher Held, der Journalist Georges Duroy, durch die Milieus der korrupten Dritten Republik Frankreichs führt: Guy de Maupassant schildert in seinem 1885 publizierten Roman *Bel-Ami* einen skrupellosen Aufsteiger, der seine Liebesabenteuer strategisch auf der Karriereleiter platziert. Er besucht eingangs in einem geliehenen Anzug die *Folies-Bergère*, bevor er die Nacht mit einer Prostituierten verbringt. Am anderen Morgen erkennt er sich im Spiegel selbst nicht wieder: Für einen Augenblick hält er sich für einen Anderen.

Doch nicht nur diese und ähnliche Romane machten die Frau

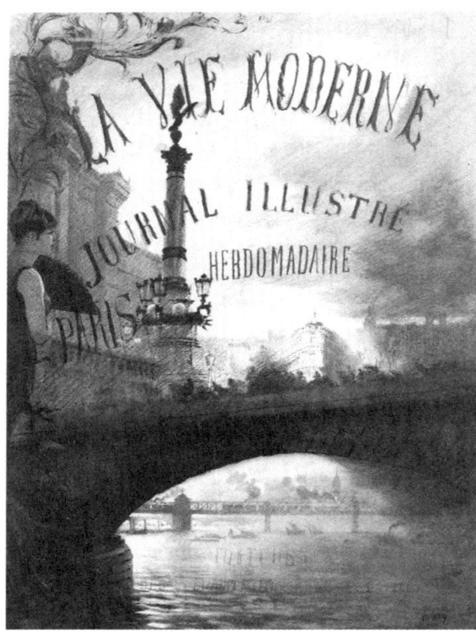

2 Giuseppe de Nittis, Entwurf für die Titelseite der Zeitschrift La Vie moderne (hg. von Georges Charpentier, ab 27. Dezember 1879), Barletta, Pinacoteca De Nittis

zum Leitfaden von Streifzügen durch den Pariser Kosmos. Anzügliche Reiseführer der wohlfeilen Sorte wie Élie Frébaults *Das Pariser Leben. Pittoresker und praktischer Besucherführer* oder die anonyme Schrift *Paris After Dark. Containing a Description of the Fast Women*, beide 1878 veröffentlicht, sind ähnlich aufgebaut. Stets fällt der Blick des wirklichen oder vermeintlichen Touristen zunächst einmal auf eine Pariserin, doch weiß er noch nicht, welchen Standes sie ist. Mit einem Arbeitermädchen würde er in die *café-concerts* gehen, die dann beschrieben werden. Mit einer besseren Dame würde er vielleicht im Zirkus landen; *Paris After Dark* bringt eine andere Option ins Gespräch: «An evening at the *Folies-Bergère* will not be thrown away.» Nur für den unwahrscheinlichen Fall, dass eine gebildete Dame sich auf den Boulevard verloren hätte, werden auch die seriösen Theater und die Oper beschrieben. Gleich ob Bedienstete oder Dame, ist die mythische *Parisienne*, sobald man durch die zarten Schritte auf dem Trottoir auf sie aufmerksam geworden ist, immer bewundernswert – so ein damaliger Kritiker. Auf dem Cover der Illustrierten *La Vie moderne*, die der Verleger Georges Charpentier seit 1879 herausgab, erschien 1882 eine solche *Parisienne* im Abendkleid und mit Fächer (Abb. 2): Von ihrer Silhouette aus entfalten sich die Seinebrücken, über die der Verkehr drängt; vor ihr ragt eine geflügelte Fortuna auf einer von Gasleuchten umringten Säule auf, dahinter fluchten die neuen Boulevards in alle Richtungen. Kein Zweifel, sie verkörpert Paris und seine Eleganz. Manet rückte die *Parisienne* zur gleichen Zeit in ein zweifelhafteres Ambiente und ließ sie von einer Engländerin verkörpern. Schon diese Verschiebung macht die Frau in seinem Gemälde zur Sphinx, deren Rätsel die Kritiker seither zu lösen versuchen.

Der Betrachter: einbezogen und ausgeschlossen

Doch auch das männliche Gegenüber nimmt Manet aufs Korn, schon indem er ihm nicht vergönnt, aus dem Off der Anonymität heraus die Erwiderung seiner Blicke erwarten zu dürfen. Ende Mai 1882 ergänzte ein Karikaturist, der unter dem Namen «Stop» firmierte, den Kunden vor der als «Verkäuferin von Tröstungen» titulierten Bardame (Abb. 3). Mit der sperrigen Figur mag der Betrachter sich keinesfalls identifizieren. Doch selbst vor Manets Gemälde ist er dazu gezwungen, die Dame mit dem blasierten Blick des Kunden am rechten Bildrand zu mustern. Diesen Blick, in den sich erotisches Interesse und das vergleichende Taxieren käuflicher Vergnügungen mischt, hat Georg Simmel 1900 in seiner *Philosophie des Geldes* als den der Städter charakterisiert, die durch das kapitalistische Spektakel streifen. Walter Benjamin hat später in seinem unvollendeten *Passagen-Werk* das kapitalistische Paris als Phantasmagorie rekonstruiert, in dem Damen und Herren ebenso wie kleine Angestellte und Bedienstete durch die Geschäfte der Passagen, durch die neuen Boulevards, später die Kaufhäuser zogen. Der Flaneur blieb ein Nomade in diesem damals so neuen Kosmos, in dem die Ware als Fetisch und das Spektakel als Scheinwelt von der Wirklichkeit Besitz ergriffen.

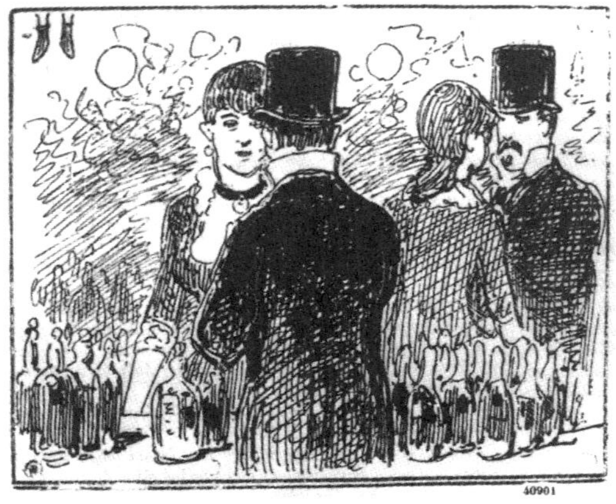

3 «Stop», Eine Verkäuferin von Tröstungen in den Folies-Bergère, aus: Le Journal Amusant, 27. Mai 1882, Holzstich

Als öffentliches Ausstellungsgemälde war Manets *Bar in den Folies-Bergère* gesellschaftskritisch, ohne Stellung zu beziehen. Es lud zur Debatte über soziale Fragen ein und kann wie die Romane der Naturalisten als Milieustudie aufgefasst werden. Dennoch steht das Werk an der Schwelle zu einer Wendung nach innen, wie sie wenige Jahre später der Symbolismus vollziehen sollte. Für den an Rheuma und Syphilis schwer erkrankten Manet war es sein letztes größeres Gemälde, vielleicht auch sein unsentimentaler Abschied von Paris. Manet ließ, als er das Bild malte, einen Bartresen in sein Atelier bringen und verlebendigte die Szene durch das Modell. Der Betrachter seines Gemäldes muss sehr nahe am Geschehen teilnehmen – und den flüchtigen Augenblick doch entrückt immer wieder durchdenken. Diese Position – zugleich drinnen und draußen – ist die des poetischen Blicks. Manet will mit dem Werk nichts «aussagen», keine «Jungfrau» befreien, keine «Hure» denunzieren. In der Kunst sind seine Protagonisten schon begnadigt. Jenseits aller Widersprüche, die er durch die Verfahren der Montage, der Perspektive etc. im Bild hervortreten lässt, legt sich eine Grazie über die Szene, die nicht von dieser Welt ist.

III. Kunst im Zeitalter der -ismen I: Naturalismus – Impressionismus

«Akademische» Kunst, Kitsch und *art pompier*

Die Maler und Bildhauer, deren Werke heute als Meilensteine der modernen Kunst betrachtet werden, waren keineswegs auch für ihre Zeitgenossen die berühmtesten Künstler. Nicht Courbet und Manet, Degas und Monet, Seurat und van Gogh, Gauguin und Cézanne dominierten den Kunstbetrieb ihrer Zeit, sondern Maler wie Jean-Auguste-Dominique Ingres und Jean-Léon Gérôme, William Bouguereau und Alexandre Cabanel, Hans Makart und Frederic Leighton, um nur die stilbildenden Künstler zu nennen. Lange wurden diese und andere Meister zu Gegenspielern der Avantgarde stilisiert und als «akademische» Künstler auf einen Nenner gebracht. Bis in die 1970er Jahre hinein hat man den Durchbruch der Moderne als Heroenkampf verkannter Genies gegen die Bannerträger eines veralteten Klassizismus dargestellt. Es folgte eine «Wiederentdeckung» und teils überzogene Neubewertung des *anderen* 19. Jahrhunderts. Seither verbergen die Museen das lange so unzeitgemäße Pathos der Epoche nicht mehr in den Magazinen. Das Pariser Musée d'Orsay hat seit seiner Gründung im Jahre 1986 die «offizielle» Kunst und die der radikaleren Neuerer einander gegenübergestellt. Man erkannte, dass auch die Kunst, wie sie in den staatlichen Akademien gelehrt wurde, sich in entscheidender Weise weiterentwickelt hat – nicht nur dadurch, dass sie die Neuerungen der Freilichtmalerei oder die abstrakt-musikalischen Farbharmonien des Symbolismus rasch übernahm. In der Neigung zu phantastischen Szenarios, zu episch ausgeweiteten Bilderzählungen, zur Anhäufung historischer Details, zur Zuspitzung psychisch archetypischer Situationen von Triumph und Niederlage, Idyll und Raserei – in all dem erkennt der postmoderne

Betrachter die Vorläufer des kommerziellen Kinos, das der Sucht nach gesteigerter Emotion durch virtuelle Wunschwelten entgegenkommt.

Ein Gemälde Gérômes thematisiert den Voyeurismus, den es zugleich selbst bedient (Abb. 4). Ein kräftiger, braun gebrannter Dunkelhaariger im besten Mannesalter reißt einer kleinen Frau ihr geblümtes Kleid vom Leibe, so dass ihr hell leuchtender Körper den erstaunten Blicken der im Halbkreis sitzenden Männer preisgegeben wird. Sie verbirgt ihr Gesicht im Ellenbogen und wendet sich dabei von den Herrschaften reiferen Alters ab, doch gerade so, dass die Betrachter des Bildes die schwellende Silhouette ihrer in reizvollem Kontrapost posierenden Gestalt zu sehen bekommen. Für die aus falscher Keuschheit weggelassenen primären Geschlechtsmerkmale kompensieren die sekundären, die unter Vermeidung jeglicher Symmetrie zu einem Körperornament stilisiert werden. Das lüsterne Erstaunen der gestikulierenden Männer hat der Maler 27 Mal abgewandelt. Die erotische Idylle wird hier nicht, wie in anderen Gemälden Gérômes, durch Harems oder türkische Bäder evoziert. Die Szene ist vielmehr gebildeten Inhalts: Die Hetäre Phryne stand, so die antike Überlieferung, Apelles, dem exemplarischen Maler der Antike, für seine Darstellung der schaumgeborenen Aphrodite und Praxiteles, dem ebenso bedeutenden Bildhauer, für die Aphrodite von Knidos Modell. Als sie sich rühmte, selbst mit der Göttin der Liebe wetteifern zu können, wurde sie vor dem Areopag der Gottlosigkeit angeklagt. Nach verschiedenen Quellen offenbarte ihr Anwalt und Liebhaber Hypereides ihre Schönheit, woraufhin sie freigesprochen worden sei. Gérôme inszeniert Schönheit als rechtliches Argument, durch das die Ästhetik mit der Religion rivalisieren kann. Die falsche Scham der Hauptfigur wiegt die Schamlosigkeit der Darstellung keineswegs auf. Phrynes – und Gérômes – Provokation soll durch diese gespielte Scham nur noch pikanter erscheinen.

Nicht immer wurde der Voyeurismus von Gérômes Malerei durch derartig gebildete Themen verbrämt. Schamlos lässt der Maler auf römischen Sklavenmärkten den Schönheiten die Zähne prüfen, wenn er sie nicht auf den Matratzen von Harems

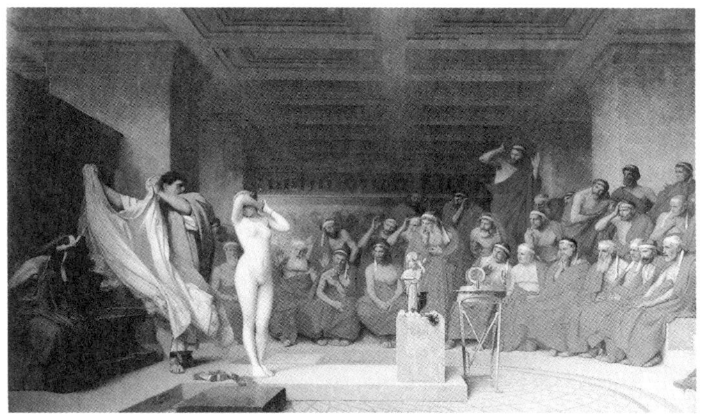

4 Jean-Léon Gérôme, Phryne vor dem Areopag, 1861, Öl auf Leinwand, 80 x 120 cm, Hamburger Kunsthalle

räkelnd den Blicken preisgibt. Auch das Schreckliche gehörte zu seinem Repertoire: Von dem leichten Schauder, wie ihn ein Hahnenkampf in einer weiblichen Betrachterin erregen kann, ging er über zu orientalischen Enthauptungen, zu Gladiatorenkämpfen oder zur Opferung von Christen. Im Gewande antiken Spektakels trug er das Skandalöse seines Voyeurismus offen vor. Wenig von solcher Thematik hatte er selbst erfunden, denn türkische Bäder und orientalische Gemetzel waren in der Malerei des Klassizismus und der Romantik längst durchdekliniert worden. Doch stets ging Gérôme über Bekanntes hinaus: in der Vollständigkeit der antiken Szenarien, in der Drastik der Sujets oder in der unverschämten Präsentation von Tabuthemen.

Seine Ausbildungsstationen hatte ein in Frankreich offiziell anerkannter Künstler der damaligen Zeit an Institutionen absolviert, die auf die Zeit Ludwigs XIV. zurückgingen. Bald nach ihrer Gründung im Jahre 1648 unterhielt die *Académie Royale de Peinture et de Sculpture* – ein Kollegium anerkannter Künstler – eine Lehranstalt, die seit 1863 als *École des Beaux-Arts* bekannt war. Im Zuge einer Reform wurde sie damals unabhängig von der *Académie*, die sich ausschließlich durch Kooptierung rekrutierte. Neben der *École* spielten unabhängige Ateliers berühmter Meister für den Werdegang der Künstler eine große Rolle. Nur Schüler, die zuvor an solchen Ateliers oder an Regionalschulen das Zeichnen nach Vorlagen und nach Gipsabgüssen antiker Statuen erlernt hatten, hatten an der *École* überhaupt eine Bewerbungschance. Dort erlernten sie in kleinen Schritten das stets idealisierende Aktzeichnen sowie Anatomie, Perspektive und Geschichte. Alles andere, was für den Beruf wichtig war, wurde an den Ateliers der Meister gelehrt: der zeichnerische Entwurf und die skizzierende Anlage umfassender Historien, die Ausarbeitung großer erzählender Kompositionen, weiterhin das Skizzieren nach der Natur und das Kolorit, seit Anfang des 19. Jahrhunderts auch die Landschaftsmalerei. Die besten Absolventen konnten sich um den *Prix de Rome* bewerben, durch den sie ein Stipendium für das im späteren 19. Jahrhundert dreijährige Studium an der seit 1666 bestehenden *Académie de France à Rome* in der Villa Medici erhielten. Die Karriere der Schüler dieser elitären Stätte galt als gemacht.

Gérôme absolvierte die typischen Stationen eines akademisch ausgebildeten Künstlers. Er studierte zunächst privat im Atelier des *Académie*-Lehrers Paul Delaroche, der wie niemand zuvor historisch aufwühlende Szenen in akkurat studiertem Dekor ansiedelte und sie in perfektem *Finish* wiedergab. Danach ging er in das Atelier Charles Gleyres und an die *École des Beaux-Arts*. Im Jahre 1847 akzeptierte die Jury der jährlich ausgerichteten offiziellen Pariser Kunstausstellung, des *Salon*, ein Gemälde von Gérôme und zeichnete es mit einer Medaille dritter Klasse aus. Der frühe Erfolg veranlasste ihn, auf die Sanktionierung durch den *Prix de Rome* zu verzichten. Nach der Reform des Jahres 1863 leitete Gérôme selbst ein Atelier an der *École des Beaux-Arts*.

Die pompöse Bildkultur des ständigen Überbietens ist jedoch mit institutionsgeschichtlich begründeten Begriffen wie «akademisch» nicht angemessen zu erfassen. Konservativere Akademiker der älteren Generation, darunter Ingres, haben sich gegen die mondänen Übertreibungen allzu virtuoser Schüler gewandt.

Dennoch war die Festlegung auf einen klassizistisch idealisierenden Stil, der die Zeichnung, den Umriss gegenüber der Farbe privilegierte, dem akademischen Curriculum geschuldet. Andere Künstler wie Alfred Stevens, John Everett Millais oder Jean Béraud malten zwar in einem naturalistischen und insofern nicht «akademischen» Stil, fanden aber in der zeitgenössischen Welt anekdotische und bisweilen skandalträchtige, vor allem aber sentimentale Sujets. Auch ihre Werke hatten bald größten Erfolg. Schon seit den 1850er Jahren traf die Genremalerei zu historischen und zunehmend auch zu zeitgenössischen Themen immer mehr den Geschmack eines Publikums, für das Kunst gehobene Unterhaltung war.

Der weniger ernste Spottname «art pompier» fasst vielleicht besser als der Ausdruck «akademische Kunst», was die Zeitgenossen an der «anderen» Kunst des 19. Jahrhunderts so begeistert hat. Der Ausdruck – auf Französisch ein Wortspiel mit «pompejanisch» und «pompös» – kam im späten 19. Jahrhundert in der Kunstkritik auf, weil die glänzenden römischen Helme in manchen Historiengemälden an die von Rosshaarkämmen bekrönten Helme der Feuerwehrleute («pompiers») erinnerten – und diese wiederum an die Kopfbedeckungen von Kavalleristen. Die Tendenz zur übermäßigen Beglaubigung der Historienmalerei durch geschichtlichen Dekor wurde dadurch ebenso aufs Korn genommen wie die mangelnde Glaubhaftigkeit pathetisch posierender Helden.

Die sensationssüchtige Überbietung dessen, was einst als künstlerisch gegolten hatte, wurde im Münchener Kunsthandel seit den 1870er Jahren als «Kitsch» bezeichnet. Die Neubewerter der offiziell geschätzten Kunst haben seit den 1970er Jahren gegen die Abqualifizierung des *art pompier* als Kitsch angeschrieben. Dennoch trifft der Ausdruck Grundzüge dieser Bildproduktion, besonders wenn man ihn wie Clement Greenberg 1939 verwendet. Für Greenberg ist Kitsch herabgesunkenes Kulturgut, Kunst als Ware. Gegenüber der kunsthistorischen Tradition ist er parasitär, er übernimmt von ihr nur die Wirkungen und wendet sich an ein Publikum, das keine Zeit und Muße für eine ernsthafte Auseinandersetzung mit Kultur hat. Greenberg schrieb in einer Zeit, als Parallelen zwischen dem Unterhaltungsbetrieb von Hollywood und der Ästhetik des Stalinismus erkennbar wurden. Max Horkheimer und Theodor W. Adorno bezogen die Ästhetisierung des Politischen durch die Nationalsozialisten noch mit ein und kritisierten 1944 in der *Dialektik der Aufklärung* den kommerziellen Unterhaltungsbetrieb und seine ideologischen Auswirkungen als «Kulturindustrie». Die Verherrlichung des Bestehenden verbinde sich mit dem Angebot, im Wirtschaftsleben unbrauchbare Emotionen auszuleben. Wo die standardisierten Emotionen wieder auf das Politische zurückschlagen, leiste die «Kulturindustrie» auch «einer neuen Art der Barbarei» Vorschub. Die in der akademischen Kunst des 19. Jahrhunderts verbreiteten rassistischen, auch antisemitischen Stereotype, der Geschmack an pathetisch überspitzten Vaterkonflikten und an versüßter Gewalt, schließlich die Vorliebe für die *femme fatale* als Schicksal und zugleich Opfer des Mannes weisen auf die verheerenden Auswirkungen der Ästhetisierung des Politischen voraus, die Walter Benjamin in den 1930er Jahren durch die Politisierung des Ästhetischen bekämpfte.

Greenberg, Horkheimer und Adorno haben den «Kitsch» und die «Kulturindustrie» jedoch allzu sehr als Produkt für die unkultivierte «Masse» eingeschätzt. Die vom Kommerz erfasste Kunst stützte sich in ihren Anfängen im 19. Jahrhundert jedoch vor allem auf die Stereotypen eines bekanntlich ja stets halbgebildeten Bildungsbürgertums, dessen Geschmack sie nur bestätigte, indem sie Altbekanntes als sensationell Neues präsentierte. Es ist durchaus spannend, den Prozess der zunehmenden Standardisierung von Stereotypen im *art pompier* nachzuverfolgen. Wie die Warenwerbung lebte diese Kunst vom Diktat des Neuen, hinter dem sich das Immergleiche verbarg. Die Sujets wurden immer phantastischer, die Gemälde immer figurenreicher, zugleich wurde der Stil immer mehr auf Vollendung, Ausarbeitung jeden Details, auf die quasi-fotografische Realisierung noch der Schattierungen des Inkarnats, dabei aber zugleich auf eine erotische Idealisierung ausgerichtet. Die Zahl der in den *Salons* gezeigten Gemälde – in den 1860er Jahren zwischen knapp unter 3000 und deutlich über 4000 – zwang die Künstler dazu, vor allem eines anzustreben, nämlich aufzufallen.

Vorläufer des Impressionismus: Realismus und Naturalismus

Es ist bemerkenswert, dass die Gegenbewegungen zum akademischen Klassizismus und zur mondänen Anekdotenmalerei sich als -ismen konstituierten. Offenbar war es unverzichtbar, gegen die vermeintlichen Selbstverständlichkeiten der offiziell akzeptierten Kunst Doktrinen zu stellen, in denen der Bezug des Künstlers zum Objekt ähnlich wie in philosophischen Lehren theoretisch durchleuchtet wurde. Das Zeitalter der -ismen markiert das Ende der Selbstverständlichkeiten in der Mimesis, der Nachahmung der Wirklichkeit. Der Bezug des Subjekts zur wahrnehmbaren Welt war nicht mehr kulturell vorkodiert, und man rang darum, wie das Bild, das man sich von der Welt machte, beschaffen sein sollte.

Bei der Definition der -ismen kam der Kunstkritik eine Schlüsselrolle zu. Mit der Ausbreitung des Pressewesens im 19. Jahrhundert erhielt sie eine stetig wachsende Bedeutung bei der privilegierten Interpretation von Kunst, bei der politisch-ideologischen Zuspitzung und der Verkettung der Debatten über Kunst mit anderen gesellschaftlich relevanten Diskursen. Als Mittlerin zwischen Produzenten und Rezipienten berief die Kunstkritik sich bald nicht mehr auf das subjektive Kunsturteil; sie lieferte vielmehr die unentbehrlichen theoretischen Hintergründe für Malweisen, die durch eine konsequente stilistische Entwicklung nicht mehr erklärt werden konnten, sondern wie der Pointillismus als wissenschaftlich begründete Methode verstanden werden müssen.

Unter den -ismen am Anfang der Avantgarden kam dem Impressionismus die größte Aufmerksamkeit zu; der Symbolismus folgte als mächtiger Gegenspieler: Die lebensbejahende Zuwendung zur Außenwelt kollabierte in einer Wendung nach innen. Ein positivistischer Aufbruch unter dem Vorzeichen von Fortschritt, Wissenschaft und der beispiellosen industriellen Umgestaltung der Welt wurde konterkariert durch die Tagträume hypernervöser, dekadenter Künstler. Dabei sind Impressionismus und Symbolismus einander ebenso entgegengesetzt wie sie doch auch miteinander verwandt sind.

Die Impressionisten wandten sich der Natur zu, dem Wechsel der Jahreszeiten und des Lichts, die sie unvoreingenommen in ihrem jeweils persönlichen Duktus festhielten. Nass in nass malten sie mit frisch angeriebenen Pigmenten unterschiedlicher Viskosität, griffen aber auch auf Tubenfarben zurück, die erst seit Mitte des 19. Jahrhunderts industriell produziert und vertrieben wurden. Frühere Landschaftsmaler waren lange mehr oder weniger dem Vorbild eines Künstlers aus dem 17. Jahrhundert gefolgt – Claude Lorrain. Wie dieser hatten sie den Blick wie auf einer Bühne in Buchten und Täler geführt. Der Zug in die Tiefe wurde über subtile Helldunkelstufen von einem diffusen Schatten zum Aufglänzen der Sonne über dem Wasser geleitet. Mit Lasuren, transparenten Farbschichten, die man übereinanderlegte, indem man Schicht für Schicht trocknen ließ, inszenierte man das Licht über Weltlandschaften. Szenarios der klassischen Mythologie wurden dabei im früheren 19. Jahrhundert durch weite Panoramen abgelöst, die von Bergeshöhen und fernen Gestaden gerahmt waren. Derartige Arrangements beruhten zwar auf Beobachtungen, die der Künstler zeichnend und skizzierend in der Natur gesammelt hatte, sie ließen sich jedoch nur im Atelier verwirklichen. Erst die Impressionisten legten ganze Leinwände im Freien an, inmitten des Umgebungslichts (Abb. 16).

Zugleich verbargen sie ihre Pinselschrift nicht mehr. Die schwankende Aufmerksamkeit des Künstlers, aber auch die Regungen von Ruhe bis zu freudiger Bewegtheit, mit denen er auf die Umwelt blickte, teilt sich in den stets sichtbaren, oftmals nervösen Pinselzügen mit. So unvoreingenommen und freimütig sich die Maler also mit dem Ambiente konfrontierten, ihr Blick war doch nicht objektiv. Vielmehr transportieren ihre Gemälde ostentativ jene unauslöschbare Subjektivität, die sich jeder Konfrontation mit der sichtbaren Welt einschreibt. Neben einer positivistischen Objektivität kennzeichnet den Impressionismus

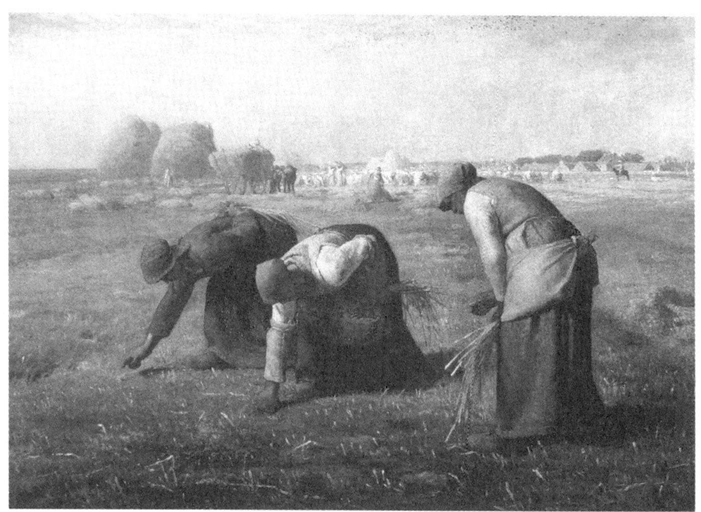

5 Jean-François Millet, Ährenleserinnen, 1857,
Öl auf Leinwand, 83 x 111 cm, Paris, Musée d'Orsay

damit ein weiteres Element: die Bejahung des Individuums und der Subjektivität, die den Siegeszug des Liberalismus durch das 19. Jahrhundert begleitet hat. Darin aber nimmt er den Symbolismus vorweg.

Der Vorläufer des Impressionismus war jene Bewegung, die wahlweise – je nach der Perspektive der Künstler und Kritiker – unter dem Banner des Realismus oder dem des Naturalismus die Gunst des Publikums erobert hatte und in der Folge der Revolution des Jahres 1848 entstanden war. Ihr Vorkämpfer war Courbet, gefolgt von Millet und den Malern von Barbizon, die wiederum in ihrem Werk der neuen Bewegung bereits den Weg bereitet hatten. Barbizon war ein Dorf am Rande des Waldes von Fontainebleau, das ab den 1840er Jahren bei einer neuen Generation von Künstlern beliebt wurde. Im Wald wechselten abgeschliffene, große Felsen aus erdgeschichtlicher Frühzeit mit Tümpeln und Heide einander ab. Die Zeugen aus der geologischen Vergangenheit schienen in der Zeit der anhebenden Industrialisierung kaum altertümlicher als die Welt der armen Bauern. Seit 1850 erlaubte ein neuer Eisenbahnstrang nach Melun und Fontainebleau die leichte Anreise von Paris aus; von den Bahnhöfen aus hatte man allerdings noch einen Fußmarsch von 10 Kilometern vor sich. Maler wie Jean-Baptiste Camille Corot, Théodore Rousseau und Charles-François Daubigny begaben sich hierher, um die Schönheit der heimischen Landschaft zu entdecken. Nicht arkadischen Hirten oder Bauern in mediterranen Gefilden galt ihre Aufmerksamkeit, sondern einem «tiefen» Frankreich, das sie vor den Türen des frenetisch modernisierten Paris fanden. Romantische Motive, einsame Bäume über verlassenen Tümpeln im Dämmerlicht, stille Schleusen in weiten Tälern, die ewig wiederkehrenden Mühen der Bauern wurden in immer freierem Duktus erschlossen. Die Atmosphäre war zunehmend von den heiteren Grautönen des Himmels über der Île-de-France geprägt. Vollends sollten erst die Impressionisten die Melancholie aus der heimischen Landschaft vertreiben.

Emblematisch steht für Barbizon, seine Maler und seine Bauern ein Gemälde Millets, das arme Tagelöhnerinnen zeigt, denen man das Recht gewährte, nach der Kornernte zur Selbstversorgung die liegengebliebenen Ähren einzusammeln (Abb. 5). Millet hatte im *Salon* des Revolutionsjahres 1848 mit dem Bild eines heroisierten *Kornschüttlers* (London, National Gallery) Furore gemacht und lebte seit 1849 in Barbizon, wo er sich selbst als Bauernmaler stilisierte. In der rhythmischen Parallelbewegung der sich Bückenden fasst er die Misere eines an die Scholle gebundenen Lebens zusammen. Zwei immense Strohschober am Horizont antworten auf die gebogenen Rücken. Zusammen mit einem Heuwagen und der davon ausgehenden Reihe weiterer Frauen zeugen sie von der beginnenden Industrialisierung der Landwirtschaft. Zugleich spielt das Gemälde auf biblische Horizonte an: Denn die Moabiterin Ruth hatte bei dem Israeliten Boaz als Ährenleserin gearbeitet, bevor er sie zur Frau nahm und sie dadurch zur Stammmutter Christi machte. Millets Gemälde hingen bald in den Wohnzimmern der Wohlhabenden. Sie projizierten ein Ideal von schicksalsergebener Pflichterfüllung zurück auf das scheinbar naturhafte Bauern-

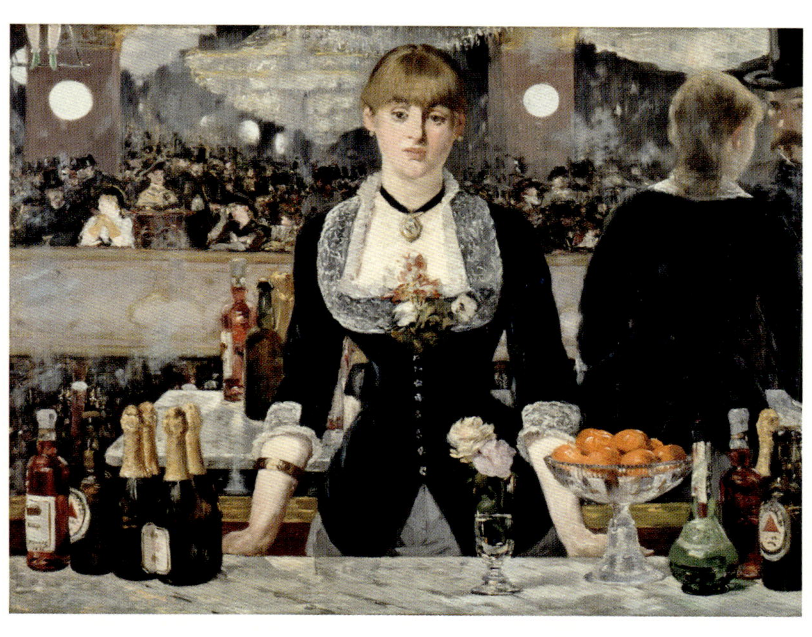

6 Édouard Manet, Eine Bar in den Folies-Bergère, 1882, Öl auf Leinwand, 96 x 130 cm, London, Courtauld Institute Galleries

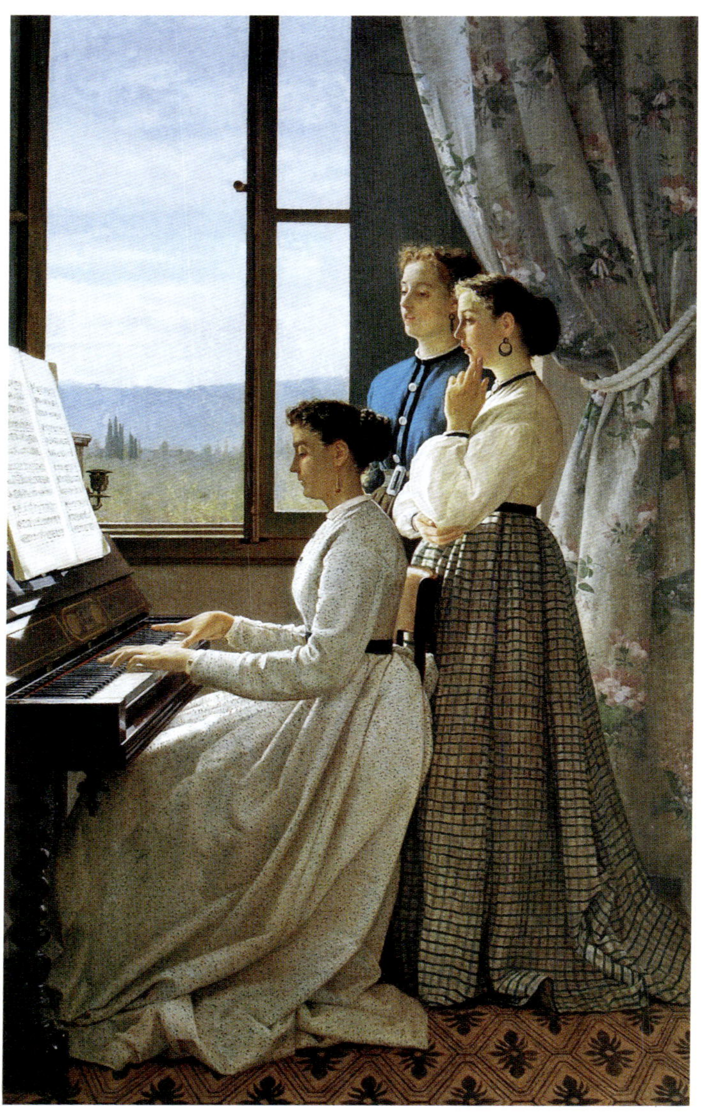

7 Silvestro Lega, Beim Singen des Refrain, 1867, Öl auf Leinwand, 158 x 98 cm, Florenz, Palazzo Pitti, Galleria d'Arte Moderna

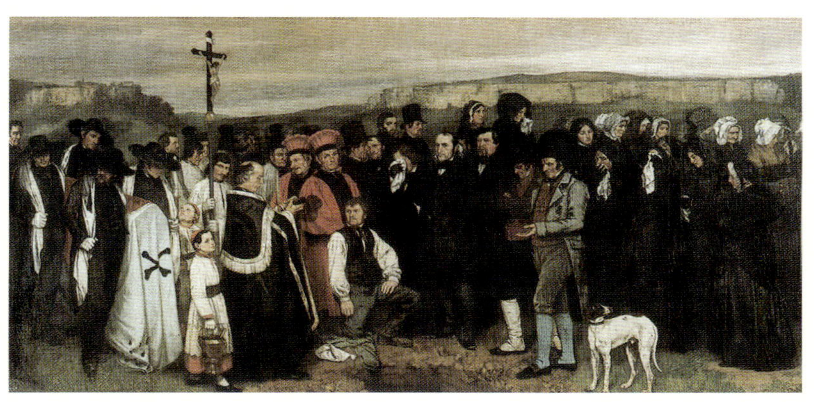

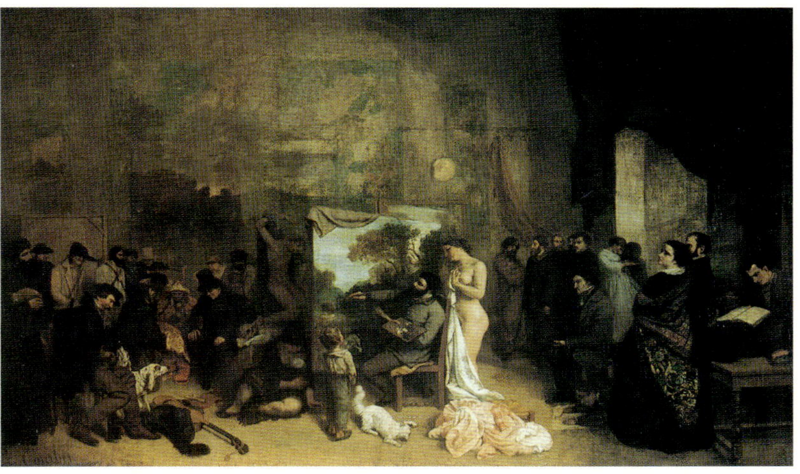

8 Gustave Courbet, Ein Begräbnis in Ornans, 1849/50, Öl auf Leinwand, 315 x 668 cm, Paris, Musée d'Orsay
9 Gustave Courbet, Das Atelier des Künstlers. Reale Allegorie, die sieben Jahre meines künstlerischen Lebens umfasst, 1854/55, Öl auf Leinwand, 359 x 598 cm, Paris, Musée d'Orsay

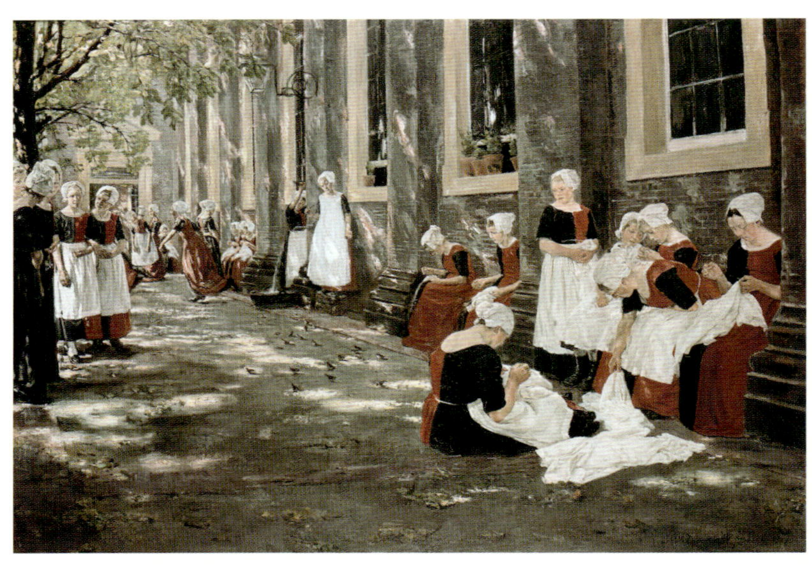

10 Max Liebermann, Freistunde im Amsterdamer Waisenhaus, 1881/82, Öl auf Leinwand, 78,5 x 107,5 cm, Frankfurt a. M., Städel-Museum

leben, das Millet jedoch gemäß den Idealen der bürgerlichen Kleinfamilie überformte.

Als Naturalisten galten die Maler, die erst seit dem Jahr 1890 unter dem Label der «Schule von Barbizon» zusammengefasst wurden. Als Realisten bezeichnete man dagegen vor allem Courbet, der seit 1849 das wahre Gesicht seines Landes, das der Provinz und der Armut, zum Vorschein brachte. Von seinem Werk ging auch die Debatte über Realismus und Naturalismus aus. Im *Salon* von 1850/51 wurde unter anderem ein Gemälde gezeigt, das er von zwei zerlumpten *Steinklopfern* gemalt hatte (1945 in Dresden verbrannt), die er an einer Landstraße unweit seines Heimatstädtchens Ornans im französischen Jura getroffen und in sein Atelier gebeten hatte – für ihn, wie er schrieb, der «vollkommene Ausdruck des Elends». Von der Landschaft erblickt man wenig mehr als die lebensgroßen Gestalten am Rande der Gesellschaft: nur den Staub und Lehm am Straßenrand.

Im selben *Salon* stellte Courbet eine mehr als sechseinhalb Meter breite Riesenleinwand aus, auf der er das Publikum mit den Bewohnern von Ornans in ihrer natürlichen Größe konfrontierte (Abb. 8). Dargestellt sind an die fünfzig Personen anlässlich des ersten Begräbnisses auf einem modernen Friedhof, der nicht mehr als Kirchhof angelegt und 1848 an einer Ausfallstraße vor den Toren des Ortes angesiedelt worden war. Der Betrachtende wird dazu eingeladen, nahansichtig einer Figur nach der anderen zu folgen. Erst dabei bemerkt er, dass der Zug von hinten links heranschreitet und sich dann in einer s-förmigen Kurve nach vorn auf das in der Mitte des Vordergrundes klaffende Grab zubewegt. Courbets Freunde und Mitbürger, die sich darum drängten, auf dem Gemälde zu erscheinen, führt der Maler unbeschönigt vor, wobei er die soziologische Typencharakterisierung stellenweise bis an die Grenze der Karikatur treibt. Das Gemälde wird wahlweise als liebevoll emphatisches Gruppenporträt aufgefasst, in dem ein Sohn des ländlichen Frankreichs seine gesamte Dorfgemeinschaft im Angesicht des leeren Grabs auftreten lässt, oder als rüde, profanierende Abqualifizierung prekärer Provinzexistenzen anlässlich eines überlebten Rituals – ja sogar als Totentanz. Schon die zeitgenössische Rezeption zeugt von diesem Zwiespalt. Die Ortsansässigen, denen er die riesige Leinwand in einer Kapelle präsentierte, sahen sich keineswegs durch Courbet karikiert; immerhin hatte der Maler auch seine engsten Familienangehörigen in den Leichenzug einbezogen. Auch in Besançon, dem Hauptort der Region Franche-Comté, wurde die Komposition wohlwollend aufgenommen. In Paris jedoch, wo die Szene neben Gemälden wie den *Steinklopfern* erschien, erregte sie Skandal. Die braven Bürger von Ornans standen nun für jene «Tiefen» Frankreichs, welche das hauptstädtische Bürgertum als Quell immer neuer Revolutionen zu fürchten gelernt hatte. Seit diesem *Salon* war Courbets Ruf als Hohepriester eines «Kults der Hässlichkeit» etabliert.

Freundschaftliche Einfühlung und soziale Dokumentation stehen in diesem Gemälde in einem prekären Gleichgewicht. In der Debatte um den Realismus wurde von 1848 bis in die 1860er Jahre die Dokumentation gesellschaftlicher Zustände als positivistisches Verfahren in den Vordergrund gestellt. Die Fürsprecher des Naturalismus hingegen, vor allem Jules-Antoine Castagnary und Zola, bestanden eher auf der Ernsthaftigkeit des Malers, auf dem starken Temperament des Künstlers, seiner Emanzipation von akademischen Methoden und «Vorurteilen». Geeint waren der Realismus und der Naturalismus dadurch, dass sie die unvoreingenommene Subjektivität des Malers, den Garanten seiner Authentizität, als Voraussetzung der objektiven Gültigkeit seiner Werke ansahen. Schon für die Romantiker war der Künstler eher dazu verpflichtet gewesen, sich selbst treu zu bleiben, als den Normen der Tradition zu folgen. Diese Einstellung zwang die Maler dazu, immer wieder neu zu erfinden, was denn Romantik sei, und diese dadurch als permanente Revolution in Gang zu halten. Émile Deschamps' oft zitierter Slogan aus dem Jahre 1828, «man muss seiner Zeit angehören», bereitete dem Realismus die Bahn – jedoch auf der Grundlage der Romantik.

Die Treue gegenüber sich selbst war die eine Seite der Medaille, deren andere die Öffnung zur modernen Welt und ihren Problemen. Die Treue gegenüber der eigenen Sichtweise wurde dabei zu einem ebenso poetologischen wie auch politischen Programm. Der Kritiker Théophile Thoré (der unter dem Pseudonym William Bürger schrieb) widersprach dem Maler Théodore Rousseau, als dieser seine Malerei als unpolitisch verkaufte, und hielt ihm entgegen: «Die Politik ist die Schwester deiner so geliebten Poesie.» Niemand verband so sehr wie Courbet die positivistische, ja materialistische Seite des Realismus mit einer provozierend selbstbewussten Authentizität. Auf der Pariser Weltausstellung des Jahres 1855 waren nicht alle Werke, die er zur Kunstschau im Rahmen des Großereignisses eingesandt hatte, angenommen worden. Einige abgelehnte Leinwände, darunter das *Begräbnis in Ornans*, zeigte er in der Nähe des Ausstellungsgeländes in einem Pavillon in der Avenue Montaigne. Über dem Eingang las man groß die Inschrift *Le Réalisme*, und diesen Titel hatte auch eine Erklärung, die der Künstler dem kurzen Katalog voranstellte.

Dabei war von Politik gar nicht die Rede – obwohl Courbet neben seinen großformatigen Werken der Jahre nach 1848 auch erstmals sein kritisches Hauptwerk *Das Atelier des Künstlers* (Abb. 9) präsentierte, das verdeckte kritische Anspielungen auf die Regierung Kaiser Napoleons III. enthielt. Der rätselhafte Untertitel half dem Publikum nicht gerade dabei, das Gemälde zu entziffern: *Reale Allegorie, die sieben Jahre meines künstlerischen Lebens umfasst.* Am Titel ist schon der Wechsel des Künstlers aus der dritten (*Atelier des Künstlers*) in die erste Person (*meines künstlerischen Lebens*) bezeichnend. Für den subjektiven Blick des auf sein Leben zurückschauenden Malers stehen die Figuren, die Courbet auf der rechten Seite auftreten lässt, darunter der Dichter Baudelaire (ganz rechts), der auf einem Stuhl hockende realistische Romancier und Kritiker Jules Champfleury und die bekannte Halbweltdame Apollonie Sabatier, die einen bei Künstlern und Intellektuellen beliebten privaten Salon betrieb. Als ‹der Künstler› in der dritten Person objektiviert Courbet jedoch die Politik seit der Revolution des Jahres 1848. Auf der linken Seite sind allerlei Gestalten versammelt, die auf historisch bekannte Personen wie einen französischen Finanzminister, einen polnischen Aufständischen, den italienischen Revolutionsgeneral Garibaldi, aber etwa auch auf das sprichwörtliche Elend der Hungernden in Irland anspielen. Die Schlüsselfigur ist ein vorne links sitzender Jäger, der durch seinen Hund, eine Bracke, sowie durch seine Gesichtszüge als Napoleon III. erkennbar wird. Als Ende 1848 gewählter «Prince-Président» hatte der Neffe Napoleons I. am 2. Dezember 1851 durch ein paradoxes Votum, eine demokratische Wahl zur Abschaffung der Demokratie, das Kaisertum erlangt.

In der Mitte des Ateliers ist der Maler damit beschäftigt, an einer Landschaft zu malen. Auf ein anderes Medium, nämlich die Karikatur, geht nicht nur die rätselhafte Versammlung auf der linken Seite zurück, sondern auch Courbets Gesicht: Man begann damals, den so selbstgewissen Maler als bärtigen Assyrer zu karikieren, und ebenso stellt er sich in seinem Gemälde selbst dar. Unter dem Vorzeichen der politischen Ikonographie hat man Courbets Hauptwerk als durchaus auch freundliche Mahnung an den Kaiser gelesen (Klaus Herding). Vor allem aber wird im Selbstporträt des Künstlers das Subjekt so inszeniert, dass es nicht mehr allein durch sein betroffenes Erleben an der Geschichte teilhat, sondern selbst zu deren souveränem Gestalter wird. Wie so oft in Courbets Werk identifiziert der Betrachter sich unmerklich mit einer Rückenfigur, hier mit dem Knaben, der dem Maler aufmerksam bewundernd bei seiner Tätigkeit zuschaut. Courbet hat ihn erst im letzten Stadium der Arbeit eingefügt. Nun posiert er selbst als sein Erzieher, beglaubigt durch das Modell, das ebenfalls zuschaut und ihn als *nuda veritas*, als nackte Wahrheit, zu inspirieren scheint. Niemals zuvor hatte ein Künstler seine Bedeutung für das öffentliche Leben in vergleichbarer Weise unterstrichen: Courbet versammelt sowohl das historisch-politische als auch das ästhetische Leben seiner Epoche in seiner eigenen Arbeitsstätte.

Im Begleitheft zu seinem *Pavillon des Realismus* nahe der Weltausstellung proklamierte Courbet: «Savoir pour pouvoir» – «Zu wissen um zu können, das war mein Gedanke. Imstande sein, die Sitten, Ideen, das Aussehen meiner Epoche nach meinem Dafürhalten zu übersetzen; nicht nur Maler, sondern Mensch zu sein [...].» «Voir pour prévoir» – «Sehen um vorherzusehen», hatte der Philosoph Auguste Comte 1842 in seinem

Cours de philosophie positive zu seiner Devise gemacht, um sein Engagement für den Primat der Beobachtung und des Experiments gegenüber Spekulation und Metaphysik zu umreißen. Die Tradition blendet der Realist Courbet keineswegs aus, er ordnet sich ihr aber nicht unter, sondern eignet sie sich gemäß seinen eigenen Bedürfnissen an. In einem Brief *An die jungen Künstler von Paris* erklärt er noch im Dezember 1861, dass er kein Lehratelier aufmachen wolle, weil Kunst nicht unterrichtet werden könne. Jeder müsse seinen eigenen Weg finden. «Der Ausdruck des Schönen ist direkt proportional zur Stärke der Wahrnehmung, die der Künstler erworben hat.» Und dennoch habe die Kunst keine andere Sendung als die, objektive Wahrheiten zu erfassen: «Ein abstrakter, nicht sichtbarer, nicht existierender Gegenstand gehört nicht zum Bereich der Kunst.»

Die subjektive Seite wurde mit der Zeit jedoch immer mehr hervorgehoben, so etwa seit Mitte der 1850er Jahre von Castagnary. Baudelaire, der einen prominenten Platz in Courbets Atelierbild einnimmt, schimpfte 1859, dass die Realisten die Gegenstände malten, wie sie seien, wenn niemand sie anschaue. 1865 wurde postum ein Werk des sozialistischen Philosophen Pierre-Joseph Proudhon veröffentlicht, *Über die Grundlage der Kunst und ihre soziale Bestimmung*. Courbet wurde darin als Kronzeuge einer moralisierenden Kunst aufgerufen, die ihrer Zeit den Spiegel vorhalten sollte. Für den Philosophen waren die Provinzbürger und die aufgeputzten Mädchen aus der Vorstadt, die sein Malerfreund zeigte, vor allem hässlich, und zwar in einem ethischen Sinne: Sie sollten ästhetisch zur moralischen Umkehr anregen. Darauf antwortete Zola im August 1865 in der linksintellektuellen Zeitschrift *Le Salut Public*, Proudhon maße sich an, im Namen der Gesellschaft, ja der Menschheit zu sprechen, und wolle den Künstler der Gesellschaft dienstbar machen. Zola erklärt sich polemisch bereit, dem Künstler umgekehrt die Gesellschaft zu opfern. «Mein Courbet» ist für ihn vor allem ein starkes Temperament, und seine Werke sind insbesondere neu, unerwartet, unerhört – kurz: originell.

Das Temperament ist in dieser Debatte keineswegs ein sich seiner selbst gewisses Ego im Sinne der Philosophie eines René

Descartes. Vielmehr wird nun der Künstler mit seinen Emotionen zum Gegenstand der eigenen Beobachtung: Er verlässt damit die Position des durch die klassische Tradition beglaubigten Urhebers, der sein Werk souverän durchplant. Stattdessen findet er auch sich selbst als Natur vor und ist seinem Naturell sogar verpflichtet. Mit starker Hand führt er die Pinsel und manchmal auch die Spachtel über die Leinwand und gestaltet seine Vision mit Pigmenten, deren Materialität er nicht verleugnet. So geht noch seine eigene Leiblichkeit in seine Gemälde mit ein. Ein Individuum, das sich durch Emanzipation von traditionellen Verfahren realisiert, kann aber der Gesellschaft eine Vision vor Augen halten, die sich gerade wegen ihrer Subjektivität durchsetzt. Die Menschheit würde, so Zola, schlussendlich mit den Augen eines solchen Künstlers sehen, aber nur, wenn dieser gerade nicht, wie Proudhon es für geboten hielt, zuvor im Namen der Menschheit auf die zeitgenössische Welt herabblicke.

Für die Kritiker der 1880er und 1890er Jahre blieb der Impressionismus Teil eines emanzipativen Naturalismus. Doch auch unabhängig davon wurde die Freilichtmalerei entdeckt. In Deutschland hielt Adolph von Menzel genau beobachtete Licht- und Farbeffekte in freiem, variablen Duktus fest und vergegenwärtigte mit seinem Unmittelbarkeit suggerierenden Stil ebenso anekdotenreiche zeitgenössische Szenarios wie solche aus der preußischen Geschichte. Rund um Florenz, bis 1859 die prosperierende Hauptstadt des Herzogtums Toskana, später im Königreich Italien das Zentrum einer konservativen Wirtschafts- und Finanzaristokratie, entwickelte sich seit 1855 eine Schule der Freilichtmalerei, die man nach ihrer Malweise mit bunten Flecken («macchie») «Macchiaioli» nannte. Einer ihrer Hauptmeister, Silvestro Lega, wich 1867 von dieser Technik ab und bannte die Atmosphäre des mediterranen Lichtes in eine minutiös durchkonstruierte Komposition (Abb. 7). Die ponderierten Figuren der singenden Frauen erinnern zugleich an Hauptwerke von Renaissancemeistern wie Luca della Robbia und Domenico Ghirlandaio. Auch der perspektivisch durchkonstruierte Fußboden aus dekorierten Terracottaplatten zitiert die toskanischen Vorbilder dieser bürgerlichen Idylle. Das Leben in einer ländli-

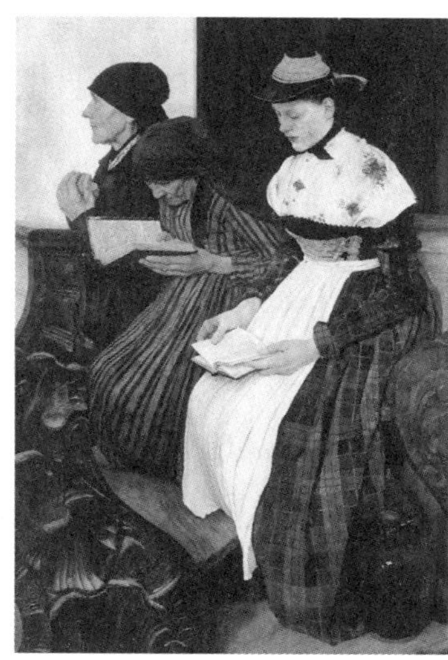

11 Wilhelm Leibl, Drei Frauen in der Kirche, 1881, Öl auf Mahagoniholz, 113 x 77 cm, Hamburger Kunsthalle

chen Villa, in der modernen Farbigkeit nicht weniger stilisiert als die Vorbilder des 15. Jahrhunderts, erscheint hier als feierliche Fortsetzung bürgerlicher Rituale, die man in der Toskana auf die unternehmerische Lebensweise von Bankiers, Landeignern und Kaufleuten der Renaissance zurückdatierte. Selbst eine derart traditionsbewusste Malerei hatte bürgerliche Untertöne.

Kaiser Wilhelm II. galt das Werk von Naturalisten wie Max Liebermann als «Rinnsteinmalerei». Der Berliner Künstler hatte sich in den 1870er Jahren der niederländischen Kunst des 17. Jahrhunderts zugewandt, da diese seit Mitte des 19. Jahrhunderts als Vorstufe zu einer auf die Gegenwart ausgerichteten bürgerlichen Kunst galt. Zudem lieferten Maler wie Franz Hals und Rembrandt Vorbilder für die freie, individuelle Pinselschrift der neuen Malerei. Während man in ganz Europa über die Institutionen der staatlichen Sozialfürsorge stritt, hielt Liebermann zu Anfang der 1880er Jahre eine solche Einrichtung aus alter reformierter Tradition fest (Abb. 10). Anregungen des Impressionismus gingen in den komplexen Bildrhythmus ein, in dem die Uniformen der Waisen mit ihren weißen Schürzen sich mit den Lichtreflexen, die zwischen den Bäumen auf den Boden dringen, zu einer durchdachten Komposition ergänzen. Liebermann, der seine Karriere zwischen Berlin, Paris und den Niederlanden darauf anlegte, die wesentlichen Stationen der historischen Entwicklung zum Naturalismus in einer Synthese zusammenzubringen, dominierte um 1900 die aufstrebende Kunstszene der Reichshauptstadt Berlin. Wilhelm Leibl, der Courbet durch dessen Beteiligung an der Ausstellung im Münchener Glaspalast 1869 kennengelernt hatte, war hingegen in Bayern das Vorbild eines florierenden, bis in die Akademie hinein einflussreichen Naturalistenkreises. In einzelnen seiner Werke belebte er auch als spezifisch deutsch empfundene Stilelemente wieder, darunter die Feinmalerei Albrecht Dürers. In dieser Technik führte er 1881 drei Bäuerinnen unterschiedlicher Lebensalter in Miesbacher Gebirgstracht beim Gebet vor (Abb. 11). Die schonungslose Charakterisierung des jeweiligen Habitus, mit dem die Frauen im Gebet versunken sind, zeugt von einer fast ärztlichen Schärfe physiologisch exakter Beobachtung. Die Religion der anderen, oft der Frauen und der Bauern, war eine ständige Obsession naturalistischer Malerei.

Trotz der von ihnen praktizierten Freilichtmalerei können weder Lega noch Liebermann oder Leibl ohne Anachronismus als Impressionisten bezeichnet werden. Bis zum Ende des Jahrhunderts wurde der Impressionismus allenfalls als Unterströmung von Realismus und Naturalismus angesehen.

Die Impressionisten als «Unnachgiebige»

Anders als die Begriffe «Realismus» und «Naturalismus» war die Bezeichnung «Impressionismus» nicht als programmatischer Name einer Bewegung vorgeschlagen worden. Sie kam vielmehr im Jahre 1874 als abfällige Charakterisierung auf. Mitte April hatte eine «Société Anonyme von Malern, Bildhauern, Graphikern etc.» im mondänen Atelier des Fotografen Félix Nadar (Gaspard-Félix Tournachon) eine Ausstellung eröffnet, auf der auch ein Gemälde Claude Monets mit dem Titel *Impression, soleil levant* zu sehen war. Der Kritiker Louis Leroy qualifizierte

Monet daraufhin als «Impressionisten», und der Ausdruck wurde rasch auch für Monets Freunde Auguste Renoir, Alfred Sisley, Edgar Degas, Camille Pissarro und Paul Cézanne verwendet. Nach Ansicht einer Mehrzahl von Kritikern gelangten diese Maler allenfalls zu Skizzen, flüchtigen «Impressionen», nicht aber zur malerischen Umsetzung eines Natureindrucks. Monets *Impression*, wahrscheinlich ein Sonnenuntergang über dem Hafen von Rouen (1873, Paris, Musée Marmottan), galt nicht als Gemälde, sondern lediglich als *ébauche*, so der Ausdruck nicht für eine Vorstudie, sondern für die grobe Ausskizzierung der Komposition auf der Leinwand. Es fehlte der Malerei in den Augen der Kritiker insofern an jener Gültigkeit, die eine auf überzeitlichen Werten basierende Kunst für sich beanspruchen durfte.

Als «Impressionismus» geißelte die Mehrzahl der Zeitgenossen eine extreme Ausgeburt jenes Stils, den man auch weiterhin als «Naturalismus» bezeichnete. Ein anderer Name, der in den Zeitschriften zirkulierte, unterstreicht dies: Man nannte die Maler des Impressionismus auch «intransigeants», «Unnachgiebige». Der Ausdruck war damals durch einen Bürgerkrieg in Spanien geläufig. Dort waren während der kurzlebigen Ersten Republik (1873/74) die republikanischen Kräfte gespalten in Föderalisten, die auch eine konstitutionelle Monarchie akzeptiert hätten, und radikale Unitarier, die man in Frankreich als «intransigeants» bezeichnete. Während man die Naturalisten insgesamt in der Nähe der Republikaner sah, galten die Impressionisten als deren «unnachgiebiger» Flügel, radikal bis an die Grenze des Anarchismus. Die Künstler akzeptierten schließlich den weniger polarisierenden Spottnamen und firmierten 1877 anlässlich ihrer dritten Gruppenausstellung selbst als «Impressionisten».

1874 war allerdings nur der Beginn einer programmatischen Zuspitzung, nicht der Startschuss eines Stils. Einen Anfang markiert sicherlich der Skandal, den Manets *Olympia* (1863, Paris, Musée d'Orsay), bereits kurz nach dem berühmten *Frühstück im Freien* (1863, Paris, Musée d'Orsay) gemalt, 1865 im *Salon* auslöste. Nicht die erotische Nacktheit schockierte das Publikum, das von akademischen Gemälden erotisch Aufreizendes sattsam gewohnt war. Vielmehr war das Modell als zeitgenössische Prostituierte erkennbar – besonders für diejenigen, die sich an das *Frühstück im Freien* erinnerten. 1863 war dieses Gemälde, in dem Manets damaliges Modell Victorine Meurent bereits in ungezwungener Nacktheit neben zwei diskutierenden Herren im eleganten Ausgehanzug posierte, in einem *Salon der Zurückgewiesenen* unter dem Titel *Das Bad* ausgestellt worden. Wie in dem früheren Gemälde schaut *Olympia* den Betrachter unverwandt an. Die farbige Bedienstete, die sich ihrer wie auf einem Paradebett liegenden Herrin nähert, präsentiert die Blumen, die der Kunde ihr gerade als Begrüßungsgeschenk übergeben hat. Wie vor der *Bar in den Folies-Bergère* (Abb. 6) wird der Betrachter bereits vor diesem Gemälde in eine äußerst fragwürdige Rolle gedrängt. Komplexer ist der Bezug zum Betrachter in einem als *Atelierfrühstück* (Abb. 13) bekannten Werk, das im Jahre 1868 entstand. Das Modell ist Léon Leenhoff, der 1852 von Suzanne Leenhoff, Manets späterer Frau, geborene Sohn, der den Maler Zeit seines Lebens als seinen Paten bezeichnete. Die Waffen auf einem Lehnsessel kennzeichnen das Ambiente als Künstleratelier, in dem der 16-jährige Ziehsohn des Malers etwas respektlos am väterlichen Tisch lehnt. Das Hausmädchen wartet «en garde» auf den Befehl zum Servieren des Kaffees. Diesen kann nur der Künstler selbst erteilen – zugleich der Betrachter, auf den die Bedienstete blickt.

Trotz der anzüglichen Anspielungen auf die zeitgenössischen Sitten rivalisierte Manet mit historischen Vorbildern. Das *Frühstück im Freien* erinnerte das Publikum ohne Zweifel an Giorgiones Hauptwerk *Das ländliche Konzert* (1510), nach Leonardos *Lisa del Giocondo* das berühmteste Gemälde im Louvre. Auch dort erscheinen nackte Nymphen in Begleitung bekleideter Männer, darunter ein eleganter, schattenhafter Schönling. *Olympia* hingegen tritt in Konkurrenz mit einer kunsthistorischen Schönheitsgalerie, die mit Tizians *Venus von Urbino* (um 1538, Florenz, Uffizien) ihren Anfang nahm. Auch entging den Zeitgenossen nicht, dass Manet sich an Diego Velázquez orientierte, dessen Stil er in einigen Gemälden fast parodierend aktualisierte. Das *Atelierfrühstück* schließlich rivalisiert mit niederländischen Gruppenporträts. Doch wurde die zeitgenössische

Lebensweise keineswegs dadurch nobilitiert, dass der Künstler sie dem «imaginären Museum» (André Malraux) einschrieb. Anders als der Historismus griff Manet nicht auf das Repertoire der Kunstgeschichte zurück, um die Gegenwart damit einzukleiden. Vielmehr arbeitete er in jedem seiner Werke die Brüche derart heraus, dass gerade der be- und verfremdende Abstand wie in einer Montage deutlich wird.

Selbst wenn der bei einem akademischen Maler ausgebildete Manet sich in den 1870er Jahren die Freilichtmalerei der Impressionisten zu eigen machte, kann sein Werk nur bedingt dieser Bewegung zugeschlagen werden. Anders als der acht Jahre jüngere Monet war er nicht in erster Linie Landschaftsmaler. Während Manet seine Skandalbilder ausstellte, wurde Monet als Marinemaler bekannt, der zwar an einem Gymnasium am Zeichenunterricht teilgenommen, sich aber ansonsten autodidaktisch ausgebildet hatte. Die Befreiung seiner Malerei von Vorbildern wie zuletzt den melancholischen Landschaftsszenen der Maler von Barbizon kann man anhand einer Reihe von Gemälden verfolgen, die Monet 1865 und 1867 im nördlich von Le Havre gelegenen Ort Sainte-Adresse malte (Abb. 14, 15). Diese Seestücke wurden von der Kunstkritik zwar bereits als unvollendet, aber im positiven Sinne naiv und ernsthaft hervorgehoben. Frühere Maler hatten als Staffage-Figuren arkadische Hirten, Bauern, Fischer, Jäger oder Reisende in ihre Gemälde eingeführt. Für dieses Personal war die Landschaft nicht nur Kulisse, sondern auch Schicksal gewesen: Es lebte in ihr und mit ihr und gewann ihr oft den bescheidenen Lebensunterhalt ab. Natürlich waren auch diese Landschaftsgemälde nicht für Schäfer und Bauern gemalt – doch die höherstehenden Betrachter fühlten zunächst einmal mit diesen mit. Anders aber verhielten sich die Touristen zu Monets Zeit: Sie stellten sich vor ein Naturszenario und erlebten es als stimmungsvoll. In den Landschaften des Fischerdorfs Sainte-Adresse, das sich damals schrittweise zum mondänen Badeort wandelte, lädt Monet den Betrachter immer weniger dazu ein, die Natur emphatisch mit den Fischern zu empfinden. Während die Touristen die Strände erobern, hellt sich zugleich die Farbigkeit der Bilder auf. In einem ersten Gemälde rollt ein türkisfarbenes Meer, überragt von dem schwarzen Segel eines Fischerbootes, heran (Abb. 14). Mit den Schaumkronen reimt sich der Rhythmus regenschwerer Wolken, die aus der Tiefe des Horizonts die felsige Steilküste heraufziehen. Wagenspuren weisen in die Tiefe des Bildes, und links fährt ein Fischerpaar in einem Einspänner die Brandung entlang, während in der Mitte ein breitbeiniger Mann auf seinen Stock gestützt in die Tiefe schreitet. Die Natur drängt heran, während die Blicke in die Tiefe des Bildes hinein die Bewegung der Fischer verdoppeln.

Die aus der Ferne aufziehende, grau lastende Stimmung sollte sich rasch verziehen. Bald konfrontierte Monet die Bürger, darunter seinen Vater und seinen Schwager, die beide als Kolonialwarenhändler tätig waren, mit einem von modernen Verkehrsmitteln durchquerten Naturszenario (Abb. 15). Ein Garten an der Einfahrt zum Hafen öffnet sich wie ein Wohnzimmer auf den Ärmelkanal. Den Horizont säumen Schiffe – Segler, kleine und große, und Dampfer, darunter das rot angestrichene Linienschiff nach England, das jedem zeitgenössischen Betrachter ein Begriff war. Die in schweren Farben glänzende Bühne des Gartens, ausstaffiert mit hellen Damenkleidern, das dunkel leuchtende Meer und der tiefblaue Himmel, vor dem bunte Fahnen knattern, sind streifenweise in bildparallelen Schichten angelegt. Der Blick gleitet die perspektivisch gefluchtete Kante der Terrasse entlang in die Tiefe und liest dabei doch alle Bildstreifen zeilenweise ab. Die Fluchtung kollabiert auf der Fläche.

Im farbgetränkten Spätsommerlicht leuchtet den Bürgern ihre eigene Welt auf. Für die moderne Naturbetrachtung durch Städter, denen die Natur verfügbar geworden war, fand Monet jedoch in der westlichen Tradition keine Bildformel. Er bediente sich stattdessen bei japanischen Vorbildern, die in Paris erst seit wenigen Jahren bekannt waren. Besonders ein Holzschnitt Hokusais kam ihm dabei entgegen (Abb. 12). Darauf blickt eine Gesellschaft bizarr aufgemachter Frauen und Männer auf eine Bucht, jenseits derer der Fujiyama aufragt. Erst durch die Aneignung des Fremden gelangte der Blick der Bourgeoisie im Zeitalter des Kolonialismus zu sich selbst.

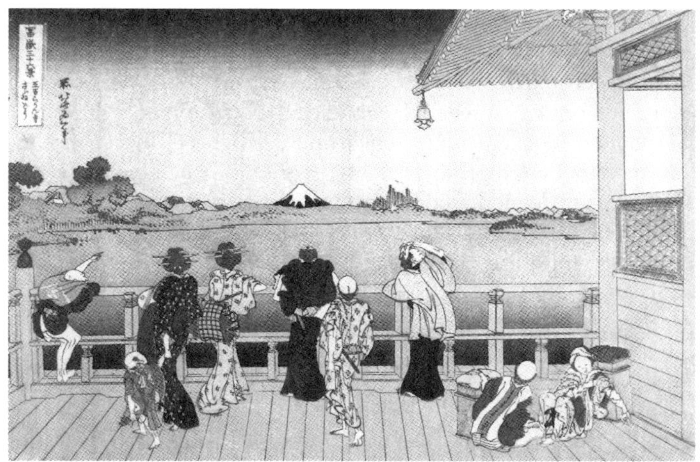

12 Katsushika Hokusai, Der Fujiyama von der Turbanmuschelhalle im Tempel der 500 Rakan [Statuen von Buddha-Jüngern] aus gesehen, Edo, aus den 36 Ansichten des Berges Fuji, 1829–1834, Farbholzschnitt, 25,2 x 37,8 cm, Canberra, National Gallery of Australia

Impressionisten wie Monet und Renoir feierten in den 1870er Jahren den Aufstieg einer neuen Mittelschicht. Das *Second Empire*, das Zweite Kaiserreich, und seine exklusive Unternehmerclique waren im preußisch-französischen Krieg 1870/71 untergegangen, und nach der Niederschlagung des Anarchistenaufstands der *Commune* im Mai 1871 setzte sich die konfliktmüde, zunächst konservative Dritte Republik durch, in der eine neue Mittelschicht nach oben drängte. Die Impressionisten wandten sich vergleichsweise selten der seit den 1850er Jahren umstrukturierten Hauptstadt Paris und den eleganten Häuserblocks entlang der Boulevards zu, und wenn sie es taten, so feierten sie nicht die Stadt in ihren Sehenswürdigkeiten, sondern zeigten sie als Lebensraum. In dieser Zeit geriet jedoch das Umland in die Reichweite der neuen Vorortzüge. In den Ortschaften an der Seine wurden Häuschen für Rentner und Reiche, aber auch Werkstätten und Fabriken gebaut. Die impressionistischen Maler reihten sich in die Scharen der Ausflügler ebenso ein wie in die «neuen Gesellschaftsschichten» (so Mallarmé 1876). Bis in die frühen 1880er Jahre malten sie vor allem um aufblühende Vororte herum, wie z. B. Bougival und Argenteuil an der Seine im Norden von Paris. Die Nachbarschaft der immer zahlreicher werdenden Wochenendausflügler und der Fabrikschlote empfanden sie dabei offensichtlich nicht als störend. Auch die eleganten Badeorte am Ärmelkanal, in denen die später von Marcel Proust gefeierten Luxushotels entstanden, machte die Eisenbahn von der Hauptstadt aus erreichbar. Der Zug in die Normandie fuhr ebenso wie die Bahnen in die Vorstädte von der Gare Saint-Lazare ab, die Monet und andere in den 1870er Jahren mehrfach darstellten. Nicht ohne Grund wirken die pittoresken Szenarios impressionistischer Malerei heute immer noch wie Urlaubsbilder: Die Künstler waren als Touristen unterwegs.

Seit 1878 zog Monet die Seine stromabwärts immer weiter in die Natur, zuerst nach Vétheuil, dann 1883 nach Giverny. Zugleich verschwand die Eleganz der Ausflügler aus seinen Bildern, und immer exklusiver wandte er sich der Natur zu, den von der Brandung umtosten Felsen der Belle-Île vor der Südküste der Bretagne (1886) oder seinem Garten in Giverny mit dem berühmten Seerosenteich. Die laizistische Republik setzte sich nach 1880 durch, und wenngleich Monet ihr nicht den Rücken kehrte, so hielt er es doch nicht mehr für angebracht, die sie tragende Mittelschicht zu feiern. Allenfalls Seurat hielt die sonntäglich gekleideten Bürger noch 1886 fest – in seinem Gemälde eines Sonntagnachmittags auf einer stadtnahen Seine-Insel (Abb. 18). An die Stelle der Feierstimmung aus den frühen Jahren des Impressionismus trat dabei der hieratische, fast ägyptisch anmutende Charakter von steifer Mode.

Bereits in den 1870er Jahren gehörte zur Einfühlung in die Natur auch Distanz: die Distanz des Reisenden, der überall sein könnte und gerade deswegen so vorbehaltlos einfach nur schauen kann. Er ist der Landschaft vielleicht mit allen Fasern nahe, beobachtet möglicherweise die «Vibrationen» seines eigenen «Psychismus» und weiß doch darum, dass die Grundlage dieser Nähe eine viel grundsätzlichere Ferne ist: die der Entfremdung. 1889 begann Monet, in seinen Serien von Bildern, die jeweils immer wieder dasselbe Motiv zeigen, das Prinzip des Impressionismus zuzuspitzen. Seine Leinwände von Getreideschobern auf einem Feld (1890) und von Pappeln am Ufer des kleinen Flüsschens Epte (1891) malte er nahe seinem Haus in Giverny (Abb. 16). Um die Fassade der Kathedrale von Rouen festzuhalten, mietete er sich 1892 und 1894 in einem kleinen Hotel am Vorplatz vor dem mächtigen Bauwerk ein. Bereits 1883 hatte der Dichter Jules Laforgue einen von der physiologischen Optik eines Hermann von Helmholtz beeinflussten Text über den Impressionismus geschrieben, in dem er die absolute Unwiederholbarkeit eines subjektiven Natureindrucks in den Vordergrund gestellt hatte. Aufgrund der Interferenzen der Farben erscheine dieselbe Landschaft dem Freilichtmaler schon dann als verschieden, wenn sein Hemd nur eine andere Farbe als am Vortag habe. Die Impression deutet Laforgue als ein Geflecht von Relationen, das in jedem Moment einzigartig bleibt. Solche Gedanken lagen zu dieser Zeit vor dem Hintergrund der physiologischen Optik und der neurologischen Forschung in der Luft. Anders als in verschiedenen *Zyklen* der Romantik mit ihrer Abfolge der Jahres- oder der Tageszeiten, die oft zugleich allegorisch für die Lebensalter stehen, gibt es in Monets offenen *Serien* keine Wiederkehr. Entsprechend stellte er die Bilder in immer wieder neuen Konfigurationen aus und verkaufte gelegentlich einzelne Gemälde. Die Werke, die bereits vor dem Hintergrund des Symbolismus entstanden, fixieren nur transitorische Augenblicke der Natur und zugleich den unaufhaltsamen Fluss der Wahrnehmung sowie ihren Nachklang im psychischen Leben der Erinnerung.

Der Impressionismus war keineswegs auf stimmungsvolle Landschaften beschränkt. Anders als Monet hatte der sechs Jahre ältere Edgar Degas alle Weihen einer akademischen Ausbildung erhalten. Auch in seinem Werk spielt die konstruierte Augenblickshaftigkeit eine Schlüsselrolle, doch realisierte er sie in Darstellungen von Mensch und Tier, die er in selten erreichter zeichnerischer Perfektion festzuhalten wusste. Zahlreiche Wachsskulpturen von Tänzerinnen oder Rennpferden wurden erst 1919 nach seinem Tod in Bronze gegossen. An den Treffpunkten der höheren Klassen fand er in den 1870er Jahren seine Motive, an der Pferderennbahn von Longchamp und in der Pariser Oper, auf der Bühne, in der Ballettschule und in dubiosen Hinterzimmern, wo gesetzte Herren, vor allem die Mitglieder des Jockey-Clubs, sich an die blutjungen «Ratten der Oper» heranmachten. Diese Welt betrachtete Degas mit der Distanz der naturalistischen Romanciers. Die Unbestechlichkeit seines Blickes veranlasste die Zeitgenossen, dem misanthropischen «Notar» eine Objektivität zu unterstellen, die Pferden wie Frauen gegenüber gleich bleibe.

In einer Mitte der 1880er Jahre in Pastellfarben gezeichneten Serie hielt Degas Akte von «zerschlafenen Frauen» (Félix Fénéon), die sich im Zuber waschen, so fest, als seien sie, wie er notierte, «allein an ihrem körperlichen Zustand interessiert», ohne für den Betrachter zu posieren. Ihren Körpern, die stets in Bewegung sind, entspricht die instabile Gestaltung des Raumes. Oft bringt Degas schwindelerregende Frosch- und Sturzperspektiven ein, als würde er auch die Bewegung der Betrachter nur für einen Augenblick anhalten. Stets vermeidet er, die Rückwand eines geschlossenen Ambientes zur bildparallelen Rückwand des Bildraums zu machen. Solchen künstlerischen Mitteln der Distanzierung entspricht bisweilen auch die distanzierte Art der Milieuschilderung. Manche von Degas' berühmtesten Darstellungen bringen die Ironie allerdings nur durch die Perspektive zum Ausdruck. So grüßt auf dem Gemälde *Der Stern* eine Tänzerin im Gaslicht zwischen den Kulissen wie ein Schmetterling mit Mousseline-Flügeln zum Betrachter hoch. Dieser befand sich jedoch, wie die Zeitgenossen erkannten, in einer der Logen über der Bühne, welche für Mitglieder des Jockey-Clubs reserviert waren (1876, Paris, Musée d'Orsay). Eine moralisierende Gesellschaftskritik verband Degas, der eigenbrötlerische Konservative, mit derartigen Gemälden allerdings nicht. Im Jahre 1881 stellte er auf der Jahresschau der Impressionisten die etwas unterlebensgroße Statue einer vierzehnjährigen, noch kindlichen Tänzerin aus teilweise bemaltem Wachs aus, die er mit einem wirklichen Mousseline-Rock bekleidet hatte (Abb. 20). Seine Vorzeichnungen lassen erkennen, dass er die Gesichtszüge

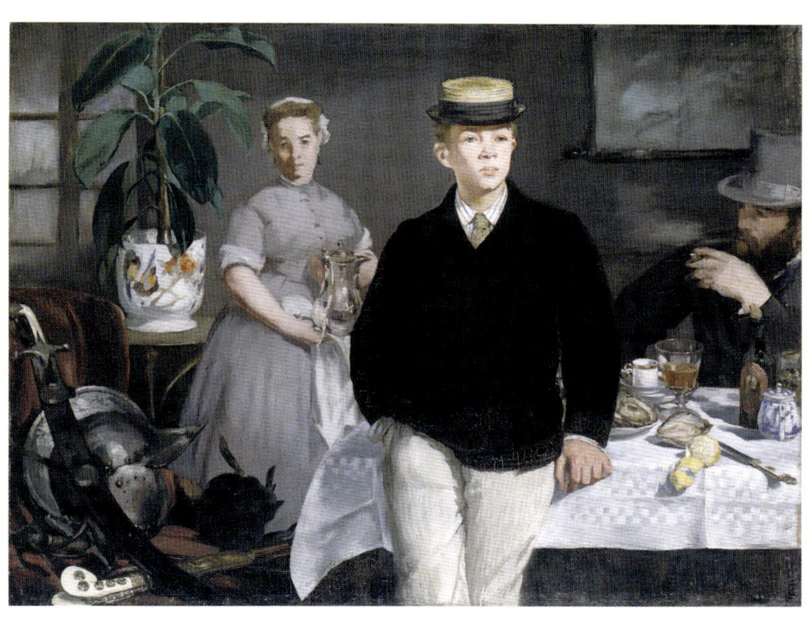

13 Édouard Manet, Atelierfrühstück, 1868, Öl auf Leinwand, 118 x 154 cm,
München, Neue Pinakothek

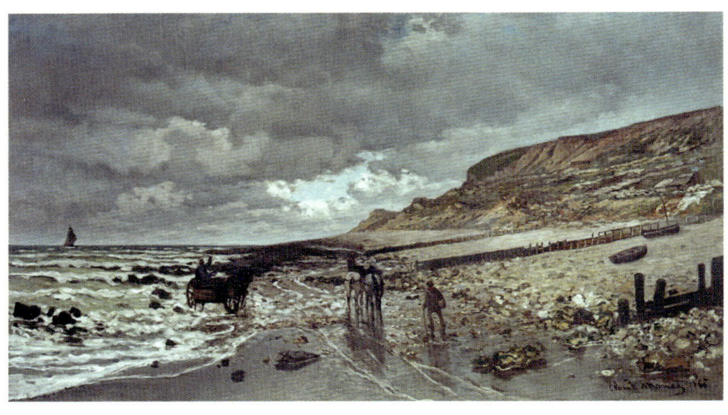

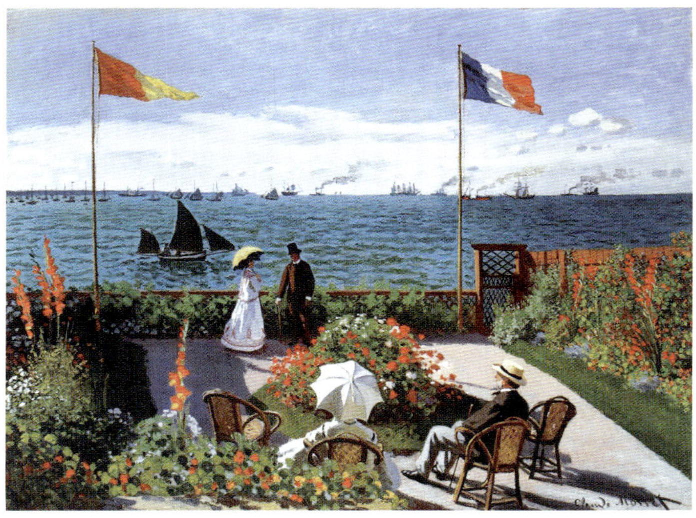

14 Claude Monet, La Pointe de la Hève bei Ebbe, 1865, Öl auf Leinwand, 90,2 x 150,5 cm, Fort Worth, Kimbell Art Museum
15 Claude Monet, Terrasse in Sainte-Adresse, 1867, Öl auf Leinwand, 98 x 130 cm, New York, Metropolitan Museum of Art

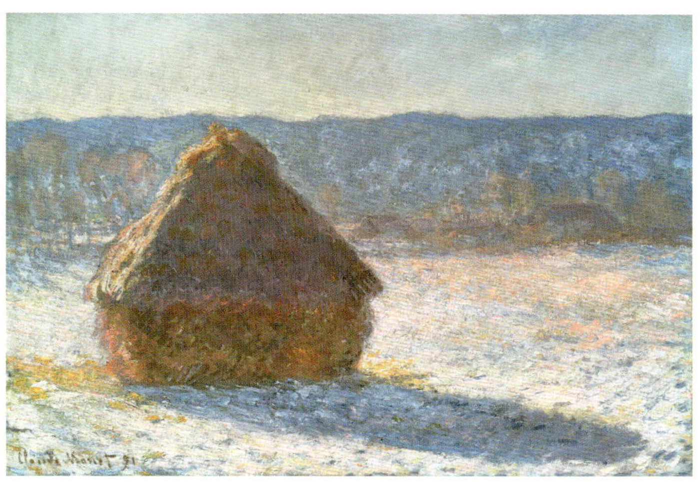

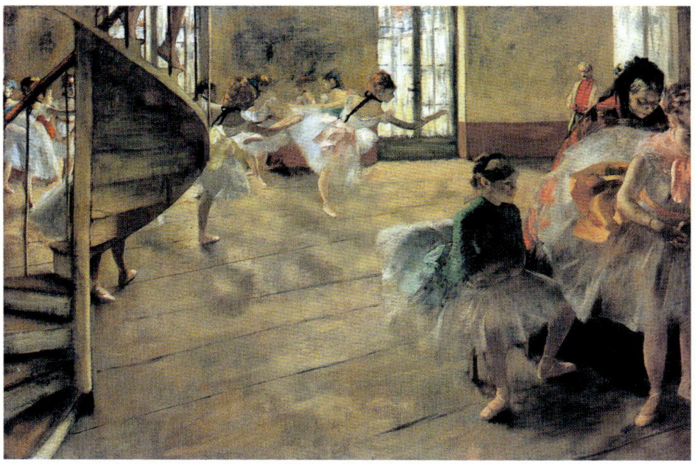

16 Claude Monet, Strohschober im Winter, 1891, Öl auf Leinwand, 65,4 x 92,3 cm, Boston, Museum of Fine Arts

17 Edgar Degas, Die Probe, um 1874, Öl auf Leinwand, 58,4 x 83,8 cm, Glasgow Art Galleries and Museum, The Burrell Collection

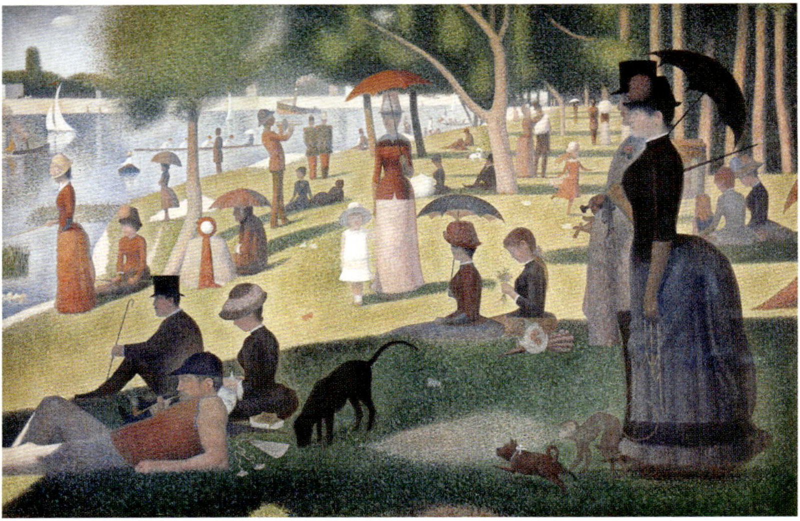

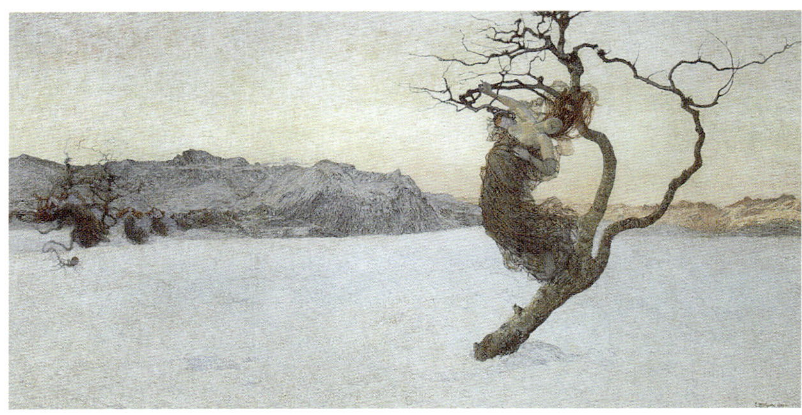

18 Georges Seurat, Ein Sonntag auf der Insel La Grande Jatte, 1884–1886, Öl auf Leinwand, 207,6 x 308 cm, The Art Institute of Chicago

19 Giovanni Segantini, Die bösen Mütter, 1894, Öl auf Leinwand, 105 x 200 cm, Wien, Kunsthistorisches Museum, Neue Galerie im Oberen Belvedere

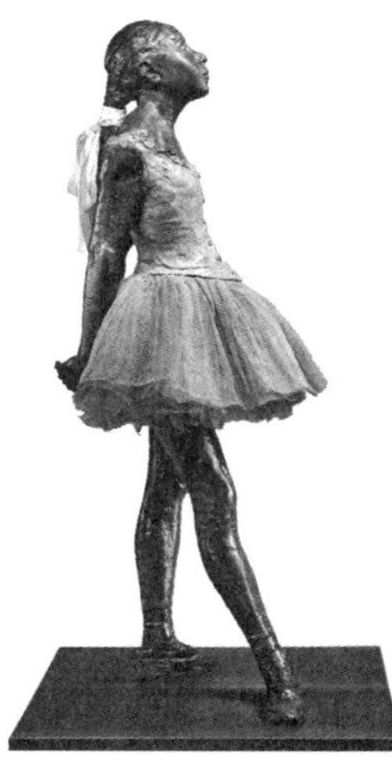

20 Edgar Degas, Vierzehnjährige Tänzerin, 1879–1881, Statue aus Wachs, Seide, Satinband, Höhe 99 cm, Upperville (Virginia), Sammlung Mr. und Mrs. Paul Mellon

gemäß den Klischees der sozialdarwinistischen Physiognomik eines Cesare Lombroso veränderte; dieser versuchte, den Charakter einer «geborenen» Prostituierten an der Schädelform abzulesen.

Das transitorische Element seiner Kunst akzentuierte Degas auch durch Bildsequenzen, die er ähnlichen Motiven widmete. Den Ballettunterricht an der Pariser Oper hielt er so oft fest, dass die Kritiker aus der Erinnerung häufig die Werke verwechselten und Sujets beschrieben, die sie aus mehreren Arbeiten zusammengesetzt hatten. Die Tanzklasse Jules Perrots, des bekannten Choreographen und berühmtesten Tänzers um die Jahrhundertmitte, zeigte er in immer neuen Gemälden, obwohl sich der Meister bereits 1864 vom aktiven Unterricht zurückgezogen hatte. In einer frühen Fassung unterstrich Degas die bewegliche Vielansichtigkeit der Figuren durch das Motiv einer gusseisernen Wendeltreppe, von der er sich ein kleines Modell angefertigt hatte (Abb. 17). Die Hauptfigur im roten Hemd erscheint im Hintergrund in großem Abstand von einer Gruppe posierender Tänzerinnen. Angeschnitten wird sie von einer Mutter, die im Vordergrund ihre Tochter zurechtmacht – man wusste, dass arme Familien durch ihre Töchter zu einem ungeahnten Einkommen gelangen konnten. Dabei wird der verehrte Perrot mit der karikierten Matrone zu einem widerspruchsvollen plastischen Gebilde verbunden. Die leere Mitte mit den parallel zu den lichtdurchfluteten Fenstern fluchtenden Bohlen betont die Dynamik dieser kunstvollen Montage. Degas hielt die Ballettklasse der Oper in so vielen Gemälden fest, dass Kritiker ihm vorwarfen, sein Thema nicht gemäß der akademischen Tradition in einem durchstudierten Werk zu einer Synthese gebracht zu haben. Die Motive, die immer wieder – auch in neuen Kombinationen – auftauchen, lösen sich dadurch von ihrem Ort in einem einzelnen Werk und gleiten durch den Bewusstseinsstrom, ähnlich wie später die Bilder des Films.

IV. Kunst im Zeitalter der -ismen II: Dekadentismus – Symbolismus – Postimpressionismus

Dekadenz, Symbolismus und ihre Genealogie

Schon die Impressionisten machten durch den stetigen Wechsel des Lichts und der Perspektive vor allem die Zeitlichkeit des Sehens ästhetisch nacherlebbar. Der Natur, wie sie sich objektiv darbot, schrieb sich also bereits bei ihnen die Innenwelt mit ein. Den Regungen der Seele lieferten sich die nachromantischen Generationen nicht mehr bloß aus. Nach der Mitte des 19. Jahrhunderts blühten die Physiologie der Sinnesorgane und die Psychophysik auf. Dabei wusste man schon seit Mitte des 18. Jahrhunderts, dass Reize und Impulse auf den Nervenbahnen elektromagnetisch übertragen wurden. Für die Schwingungen und «Vibrationen» des «Psychismus», die parallel zur Außenwelt verliefen, etablierte sich seither die Metapher der Stimmung, des Gleichklangs der Seele – in sich selbst, analog zu den Instrumenten eines Orchesters, und mit dem wahrgenommenen Ambiente. Die verlorene Geborgenheit in Religion und Weltanschauung kompensierte man mit der Stimmung durch eine neue Ganzheit, welche die Psyche mit der chaotischen Unbegrenztheit der Natur in Einklang brachte.

Seit den 1880er Jahren vertieften sich die Künstler mehr und mehr in die subjektive Seite der Wahrnehmung: Man hörte und blickte in sich hinein, und die Antworten des inneren Lebens auf die Stimuli der Außenwelt wurden wichtiger als diese selbst. An die Stelle der Natur traten nun ihre Nachklänge in der Seele. Harmonien und Dissonanzen der Farbe wurden zum Gegenbild jener «unendlichen Melodie», mit der Richard Wagner den unaufhaltsamen Bewusstseinsstrom in Musik übersetzt hatte. Édouard Dujardin und Teodor de Wyzewa propagierten in der seit 1885 erscheinenden *Revue wagnérienne* Synästhesien ebenso wie den freien Vers in der Poesie.

Der Symbolismus, der sich in diesen Tendenzen Bahn brach, trat zwar im Jahre 1886 gleich mit zwei Manifesten auf, doch kann man eigentlich nicht von einem symbolistischen Programm sprechen: Was heute auf Symbolismus-Ausstellungen gezeigt wird, entstand zu einem bedeutenden Teil bereits vor der Erfindung des Namens. Die literarischen Vorläufer des Symbolismus bezeichneten sich provozierend als «Dekadente»: Sie verstanden sich als hypersensible Spätlinge einer auch rassisch überzüchteten Gesellschaft und verbanden ihre vermeintliche Überfeinerung mit einem Bewusstsein von Endzeitlichkeit. Entsprechend hat man ihren Pessimismus dem Optimismus der fortschrittsgläubigen Gründergeneration ihrer Eltern entgegengesetzt. Dekadentisten und wenig später Symbolisten interessierten sich immer systematischer für spirituelle Lehren – vom Neuplatonismus über die Kabbala bis hin zu orphisch-theosophischen Geheimlehren. Diesen philosophischen Idealismus hat man – allzu pauschal – gerne dem Positivismus der Impressionisten gegenübergestellt.

Die Dekadenz hatte ihre Programmschriften, bevor der Symbolismus 1886 durch Manifeste ausgerufen wurde. Zolas Schüler Joris-Karl Huysmans veröffentlichte 1884 den Roman *Gegen den Strich*, in dem er die Kunstanschauungen eines durch den Lebemann Robert de Montesquiou inspirierten Helden ausbreitete. Dieser Ästhet, Jean Floressas Des Esseintes, der Weltmüdigkeit durch exquisite Genüsse kompensiert, stellt Duftorgeln her und lässt eine Schildkröte mit juwelenbesetztem Panzer über seine orientalischen Teppiche kriechen. Der Roman war ursprünglich als naturalistische Studie eines erblich belasteten «schmächtigen jungen Mannes von dreißig Jahren, anämisch und nervös», gedacht, der in geistiger Umnachtung endet. Doch huldigt Huysmans in dem handlungsarmen Roman selbst den Poeten und Künstlern der Nachtseite. In seinem «natürlichen Hang zur Künstlichkeit» wendet er sich den «verwunschenen Dichtern» wie Baudelaire, Paul Verlaine und Arthur Rimbaud zu, denen unter den bildenden Künstlern die Phantasten wie Gustave Moreau und Odilon Redon entsprechen.

Moreaus ephebenhafte Helden entstammen den Mythologien aller Zeiten und bewegen sich in zugleich byzantinisch und orientalisch wirkenden Palästen, wenn sie nicht an rauschenden Wassern unter steilen Klippen erscheinen. 1876 stellte Moreau im *Salon* gleich zwei Kompositionen über den biblischen Salome-Stoff aus: ein Ölgemälde *Salomes Tanz vor Herodes* (Los Angeles, The Armand Hammer Foundation), in dem die Schöne, bekleidet und mit Schmuck überhäuft, in einem orientalisch-byzantinischen Mischpalast vor dem hieratisch dasitzenden König tanzt, und ein weiteres Ölgemälde *Die Erscheinung* (Abb. 21), in dem sie, bleich wie eine Diana und nur mit Schleiern bedeckt, auf das strahlenumkränzte Haupt des Johannes weist, als sähe sie es in einer Vision von Hass und Liebe. In ihre Gestalt mischen sich andere *femmes fatales*: Salome hält eine Lotusblume wie die Fee Peri aus einer altpersischen Legende, die sich nur vom Duft der Blüte ernährt, wofür dunkle Mächte ihr Unsterblichkeit gewähren. Als der Prinz Iskander ihr den Lotus stiehlt, bezirzt sie ihn durch einen Tanz, bis sie ihren Talisman zurückerhält – und der Liebende tot zusammensinkt. Doch dachten die Zeitgenossen auch an die kathargische Prinzessin Salammbo, Hauptfigur des 1863 erschienenen historischen Romans von Flaubert. Als Priesterin der Mondgöttin Tanit wacht sie über den Schleier der Nacht. Als der Lybier Ma-

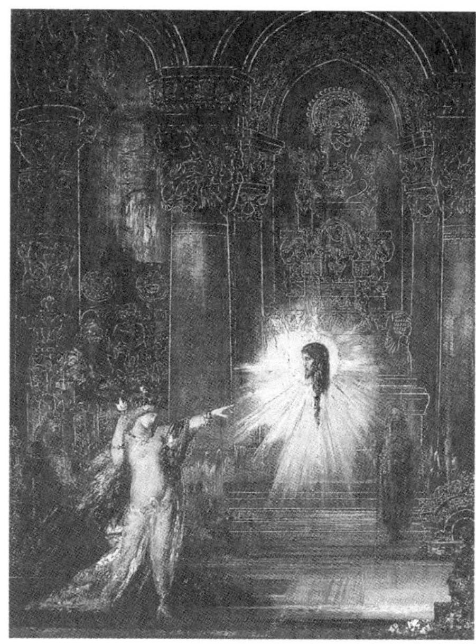

21 Gustave Moreau, Salome. Die Erscheinung, um 1875, Öl auf Leinwand, 142 x 103 cm, Paris, Musée Gustave Moreau

tho das Heiligtum raubt, gibt sie sich ihm hin, doch nur, um es zurückzuerwerben und damit die Macht des Söldnerführers über Karthago zu brechen. Noch weitere Ambiguitäten mischten sich ein, denn 1866 hatte Moreau eine Sappho, die das Haupt des Orpheus beklagt, ausgestellt; seine Salome mit dem Haupt des Täufers, die als weiteres Hauptwerk bekannt wurde, musste als perverses Gegenbild des Orpheus-Gemäldes erscheinen.

Des Esseintes schwärmt auch für die düsteren Lithographien von Redon. Dieser fern der elterlichen Familie auf einem Weingut bei Bordeaux aufgewachsene Autodidakt fertigte von 1878 bis Anfang der 1890er Jahre sein «schwarzes Werk»: Zyklen von Zeichnungen in Fettkohle, in denen rätselhafte Motive aus dem Schwarz als «Agenten des Geistes» hervorleuchten – für Huysmans' Helden eine «Fantastik der Krankheit und des Deliriums». Zu langen Reihen verketten sich immer neu aufkeimende Visionen von untermeerischen Formen, gnomhaften Zwerggestalten, rätselhaft Blickenden und sehnsuchtsvollen Augen, die sich aus einer Blüte öffnen, als Zyklopenauge lüstern starren oder als Ballon über dem Urmeer aufsteigen. Ein Freund Redons, der Botaniker Armand Claveau, hatte den Künstler nicht nur mit der Welt der Mikroorganismen vertraut gemacht, sondern ihn auch an die Werke Darwins und anderer Entwicklungsbiologen herangeführt. Er hatte Redon sicherlich ebenfalls mit der *Natürlichen Schöpfungsgeschichte* Ernst Haeckels (1868) bekannt gemacht, die postulierte, dass sich in jeder Ontogenese eines Individuums die Phylogenese der Gattung wiederhole. Im Sehen thematisierte Redon seither das Aufkeimen und Verklingen der Wahrnehmung selbst (Abb. 22). Auf dem zweiten Blatt seiner frühen Serie *Im Traum*, betitelt als *Keimen*, sieht man einen Kopf aus einer Blase im Meer Form annehmen, der sich dann im Aufsteigen allmählich ausdifferenziert. Die immer deutlicher werdenden Augen richtet er dabei nach oben zu einem Frauenkopf, der inmitten eines schwarzen Nimbus erscheint und gnädig zu dem Aufknospenden herabblickt. In den umherschwebenden Blasen und Sternen wiederholt sich beständig das Aufwachsen des Lebenskeims zum voll individualisierten Porträt, aber auch die umgekehrte Bewegung des Verfalls. Spätere Serien Redons waren von Edgar Allan Poe (1882), Goya (1885), Flauberts *Versuchung des Heiligen Antonius* (1888, 1889, 1896) und Baudelaires *Blumen des Bösen* (1896) inspiriert. Keinen dieser Autoren illustrierte er, stets verband sich seine Phantasie mit den Vorlagen in einer nur tiefenpsychologisch erschließbaren Weise.

Ein literarisches Manifest des Symbolismus, das der Dekadenz abschwor, veröffentlichte Jean Moréas am 18. September 1886 im Supplement von *Le Figaro*. Er führt darin den «Sinn für das Mysterium und das Unausdrückbare» hinter Mallarmé, Verlaine und Baudelaire auf Alfred de Vigny und Shakespeare zurück. Das «Symbolische» der neuen Kunst liege in dem Bestreben, die Idee in eine sinnliche Form zu kleiden, ohne sie jemals «von kostbaren Gewandungen und äußeren Analogien» zu entblößen. Von Anfang an tritt der Symbolismus damit

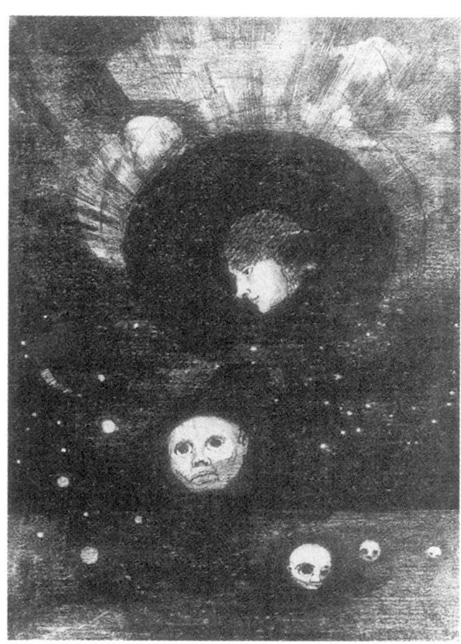

22 Odilon Redon, Im Traum, Blatt 2: Keimen, 1879, Lithographie, 16,5 x 11,5 cm

als Idealismus der sich selbst stets entziehenden Idee auf. Allenfalls zeigt sich diese in dem schon von Baudelaire in seinem Gedicht *Correspondances* besungenen Wald der Symbole, wo «die Düfte, Farben und Töne einander antworten». Moréas schwärmte von einem «archetypischen und komplexen Stil».

Der Symbolismus und der Impressionismus werden jedoch im Kern verfehlt, wenn man sich nur an spiritualistischen Extrempositionen auf der einen Seite und an der positivistischen Rhetorik auf der anderen ausrichtet. Der Erfinder des Pointillismus, Georges Seurat, und der wichtigste Maler an der Schwelle zum Symbolismus, Paul Gauguin, bestimmten zur selben Zeit die künstlerischen Diskurse. Der eine suchte nach einer neurophysiologischen Neubegründung des Impressionismus, der andere nahm die Farbklänge der Innenwelt vorweg und projizierte die Sprache dafür in «primitive» Kulturen von der Bretagne bis zu den Maori der Südsee. Monet malte seine Serien erst, nachdem Seurat und Gauguin den Impressionismus auf je eigene

Weise vertieft hatten. Auch er versuchte, die Lichtwahrnehmung musikalisch zu modulieren und ihre seelischen Resonanzen zu erfassen (Abb. 16). Die Wendung nach innen stellte die Künstler nun systematisch vor die Frage, wie Seelisches in die Sprache von Farben und Linien, Raum und Objekten übersetzt werden könne. Sie entwickelten dafür persönliche Idiome, die mit immer komplexeren Begründungen vertreten wurden.

Hatte der Impressionismus sich auf den freien Pinselduktus verlegt, so predigte Seurat seit 1884 die Zerlegung des Wahrnehmungseindrucks in feine Farbtupfer, welche das Auge wieder zu einem synthetischen Lichteindruck zusammensetzen sollte. Die so erreichte additive Mischung sei der des farbigen Lichtes analog, während die Ausmischung von Pigmenten als subtraktiv, tendenziell dem Schwarz zuneigend, abgelehnt wurde. Diese Doktrin, die von Kunstkritikern wie Fénéon erklärt wurde, konnte sich auf die physiologische Optik berufen, die Hermann von Helmholtz und andere in den Jahrzehnten zuvor erforscht hatten. In einer Zeichnung einer Frau beim Angeln, die später in seinem großen Gemälde *Ein Sonntag auf der Insel La Grande Jatte* wiedererscheinen sollte, hellte Seurat entlang den dunklen Konturen der Figur das Wasser der Seine im Hintergrund auf (Abb. 18, 23). Die Kontraste werden dadurch in einer Weise hervorgehoben, die das Sehen sozusagen «fordert» und zur Verdeutlichung der Gegenstände ansonsten selbst hervorbringt. Die optisch «korrigierte» Silhouette der hübschen Anglerin wird dadurch einprägsam wie ein Piktogramm.

In einer Zeichentechnik mit fetthaltiger Kreide auf körnigem Papier modulierte Seurat die Helldunkelwerte stets so, als wollte er das Bild auf der Retina auf Papier vorwegnehmen. Auch an seinem Hauptwerk, an dem er seit 1884 arbeitete, hat man vor allem die pointillistische Technik hervorgehoben. 1885 hatte Seurat in Seestücken zuerst das Flimmern des Lichts über dem Meer, dann das ganze Gemälde in kleinen Farbtupfen gestaltet. Seine Darstellung sonntäglicher Ausflügler auf einer Insel in der Seine, der Grande Jatte, die man mit dem Vorortzug von Paris nach Asnières erreichen konnte, war das erste Figurengemälde, das er in dieser unglaublich arbeitsaufwendigen

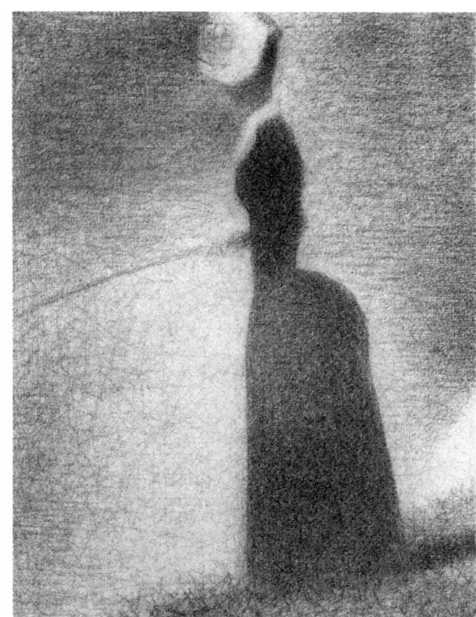

23 Georges Seurat, Frau beim Angeln, um 1883, Conté-Kreide auf Michallon-Papier, 30,8 x 23,5 cm, New York, Metropolitan Museum of Art

Technik schuf. Die Farbe zerlegte er in Elemente wie die Lokalfarbe, das Orange des Sonnenlichts, dessen Komplementärton im Schatten etc., die er später im Gewebe der Farbtupfer wieder zusammenfügte. Anders als Kritiker wie Fénéon meinten, kommt es aber nicht zu einer «optischen Mischung» im Auge des Betrachters. Nimmt man so weit Abstand, dass die «Punkte» verschwinden, erscheint ein Grün mit aufgetupftem Sonnenorange oder Schattenblau identisch mit einer Fläche, auf der diese Akzente fehlen. Nur solange die Farben sich *nicht* mischen, wirkt die Farbe aufgrund der Interferenzen verlebendigt.

Das kontrollierte, scheinbar wissenschaftlich beglaubigte Vorgehen Seurats ist gegenüber dem Inhalt nicht neutral. Auf sein Bildpersonal blickt der Maler zugleich mit naivem Vertrauen in sein eigenes Prozedere und mit verhaltener Ironie. In einem figurenreichen, für den frühen Impressionismus ungewöhnlich großformatigen Gemälde versammelt er Zeitgenossen, die er als Typen charakterisiert. Eine friesartig von rechts nach links in Richtung Seine zu lesende Komposition kombiniert er dabei mit Figuren, die in perspektivisch gestaffelten Raumschichten auf den Betrachter zu flanieren. Die Grande Jatte war eigentlich ein Ort, an dem die unterschiedlichsten Menschen in ihrer Freizeit zusammenkamen, und das sonntägliche Leben auf der Insel wird in zeitgenössischen Führern als bunter beschrieben, als Seurat es darstellte. Doch Bocciaspieler, kleine Restaurants, Gruppen beim Wein und beim Picknick passten offensichtlich nicht in einen Fries der zeitgenössischen Gesellschaft. Aus der niedergetretenen Wiese machte Seurat einen grünen Rasen, genrehafte Details unterdrückte er, und die Landschaft glich er der Idylle nach dem Vorbild Pierre Cécile Puvis de Chavannes' an (Abb. 24). Vor allem aber betonte er die Eleganz der Spaziergänger. Das Paar im rechten Vordergrund erscheint schon durch den skurrilen Affen, der seine Besitzerin als Prostituierte zu erkennen gibt, fragwürdig. Der Typus des Manns ist uns durch den Kunden von Manets Bardame in den *Folies-Bergère* bekannt (Abb. 6). Weitere Gestalten hat Seurat gleichsam zu Piktogrammen vereinfacht: eine Mutter z. B. oder eine Amme, die er auf ihr Erkennungsmerkmal, die turbanartige Kopfbedeckung, reduzierte. Derartige Figuren waren den Zeitgenossen aus naturalistischen Gemälden, aus Karikaturen und Illustrationen in einem durchweg anekdotischen Stil geläufig.

Übermäßig stilisierte Seurat auch die Mode, welche die Menschen auf der Grande Jatte trugen. Charakteristisch war damals besonders die *tournure*, ein großer Bausch der Damenkleider hinten unterhalb der Taille, den man abschätzig als «faux-cul» bezeichnete. Wie die typischen kleinen Hütchen mit Schleife erhielten die Kleider in dieser Zeit eine etwas steife Form. Damals entstand auch das zweiteilige Schneiderkostüm, wie es die Frau im Vordergrund des Gemäldes trägt. Seurats Stil bei der Einkleidung seiner Figuren ist sicherlich nicht von naiver Bewunderung für die Welt des Luxus und der Moden, sondern vielmehr von Ironie gegenüber seinem Bildpersonal getragen. Einem befreundeten Kritiker hat der Maler gesagt, er wolle «die zeitgenössische Gesellschaft wie auf dem panathenäischen Fries» des Phidias vorbeiziehen lassen. Durch den Stil und das «skandalöse Paar» zeigte er jedoch, dass die neue Mittelschicht, die von den liberalen Protagonisten der Dritten Republik so sehr gepriesen wurde, nicht mit jener Würde aufmarschieren konnte, mit der Phidias die Bürger der athenischen Demokratie vorgeführt hatte. Schon in diesem scheinbar impressionistischen Gemälde wird das Vorstadtfest in sein Gegenteil, in eine subtile Parodie, verkehrt. Der junge Schriftsteller Éphraïm Mikhaël hat dies sehr wohl verstanden, als er sich 1886 in das Gemälde hineinträumte. Nachdem er ausgiebig durch die Idylle spaziert war, wacht er auf und erkennt, dass die Figuren allesamt Automaten aus einem Spielzeugladen sind.

Konvergierende Tendenzen: Der internationale Symbolismus

Der pointillistischen Technik schrieb man eine besondere suggestive Wirkung auf den «Psychismus» zu und wandte sie daher in einer weniger strikten, als «Divisionismus» bezeichneten Variante bald auch in Gemälden an, die dem Symbolismus zugerechnet wurden. Giovanni Segantinis Gemälde *Die bösen Mütter* ist vielleicht die rätselhafteste bildliche Synthese der *Belle Époque* (Abb. 19). Eine im Hintergrund zunächst kaum erkennbare Reihe wolkenhafter Frauen dringt aus einem Tal auf die Eisfläche, während die vorderste, rücklings hintenüber sinkend, sich mit ihrem Haar in einem Baum verfängt. Links sprießt aus einer verwundenen Birke wie an einer Nabelschnur ein Ableger hervor; zwischen Wurzelfäden, die dünn wie Spinnenbeine sind, bildet sich eine Knolle mit Augen und Mund. Die Gequälte mit blassgelbem Teint neigt sich im Aufbäumen zurück, wobei ihre orgiastische Verrenkung an Jean-Martin Charcots Fotografien von Hysterikerinnen erinnert. Bekleidet ist sie mit einem dünnen Laken von der Transparenz eines Insektenflügels. An ihre Brust drängt von hinten ein pausbäckiger Säuglingskopf, der aus einem der wie pulsierend verknoteten Zweige herauswächst.

Die Erzählung ist offen für verschiedene Lesarten: Werden die Frauen bestraft oder erlöst, ist die Figur im Vordergrund gequält oder verzückt? Segantinis Gemälde ging auf eines jener pseudo-indischen Gedichte zurück, in denen sich die symbolistische Naturphilosophie gern archaisch äußerte. Das Gedicht, das mit dem Gemälde zirkulierte, wurde einem Pangiavahli von Maironpada zugeschrieben, während der eigentliche Verfasser, Luigi Illica, als Übersetzer auftrat. Der einschlägige Passus spielt auf die Bestrafung und Befreiung von Frauen an, die sich der Mutterschaft verweigert hatten. Ins Nirwana auf Eiseshöhen wurden sie verbannt, fanden aber doch durch die Säuglinge, die sie dort oben stillten, Vergebung. Segantini verortete die Fiktion dieses Gedichts in der sehr genau studierten Natur von Savognin im Engadin. Die Bergrücken fügte er durch Montage zu einer Arabeske über dem großen Schneefeld zusammen.

Der Tod einer Frau im Eis als Bestrafung für die Missachtung paternaler Autorität – diese Vision eines sublimierten Sadismus war für die Betrachter von Segantinis Gemälde auch ohne Illicas Gedicht nicht unbedingt neu. Das Mailänder Opernpublikum hatte seit dem Frühjahr 1892 eine Arie im Ohr, in der eine Frau droht, sich durch den Weg auf den Gletscher das Leben zu nehmen, wenn ihr Vater sie in eine arrangierte Ehe zwingt. Die Arie entstammte der Oper *La Wally* von Alfredo Catalani, deren Libretto eben jener Luigi Illica verfasst hatte. Segantinis *Böse Mütter* gehen jedoch nicht nur auf die dichterische Vision Illicas zurück, sondern greifen auch Strategien des Melodrams auf, um sie den Möglichkeiten des Bildes gemäß zu transformieren. Die Strategien der narrativen Suggestion, der musikalischen Motiventwicklung und der dramatischen Präsenz, die der Oper zu Gebote stehen, werden im stillgestellten und zugleich entrückten Tableau zu hypnotischer Intensität verdichtet.

Die Übertragung der Farbzerlegung vom Pointillismus auf eine symbolistisch visionäre Malerei in Segantinis Gemälde zeigt beispielhaft, wie fließend die Übergänge zwischen Freilichtmalerei und Halluzination waren. Immer wieder zeigt sich der Symbolismus als die andere Seite des Naturalismus. In den Folgejahren bereicherte er seine Ahnengalerie um Maler wie Puvis de Chavannes, der nach einer Ausbildung in Ateliers von verschiedenen Akademielehrern, kurzzeitig auch bei Eugène Delacroix, und nach prägenden Italienreisen in den 1870er Jah-

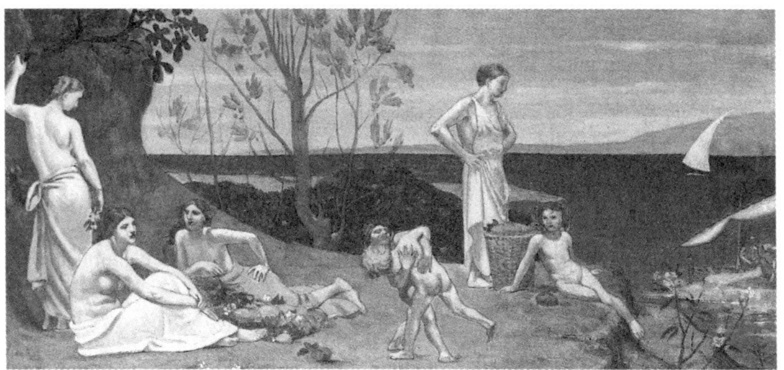

24 Pierre Cécile Puvis de Chavannes,
Das milde Land [kleine Version], 1882, Öl auf Leinwand, 25,8 x 47,3 cm,
New Haven, Yale University Art Gallery

ren einen verträumten Klassizismus entwickelte. Darin scheinen oft lebensgroße, ruhig agierende Gestalten mit scharfen Silhouetten und fotografisch anmutender Schattierung mit dem Rhythmus von Tälern und Meer, Hainen und Hängen zu interagieren. Der reichlich bemessene Umraum lässt die Gesten der Figuren weit ausklingen und setzt sie zueinander in eine stille Spannung. Diese Malweise prädestinierte Puvis de Chavannes für die Wandmalerei, die er meist in Öl auf Leinwänden ausführte, welche dann auf die Wände aufgezogen wurden. Für das *Second Empire* ebenso wie für die Dritte Republik dekorierte er Rathäuser und Museen, aber auch Auditorien wie das der Sorbonne und Bibliotheken wie die Public Library in Boston, schließlich das Pantheon in Paris, wo er das Leben der Patronin der ehemaligen Kirche Sainte-Geneviève festhielt. Die archaisierende Sprache seiner Kompositionen verlieh den säkularen Weihestädten der Republik einen zeremoniellen Klang. Entsprechend wurden seine Dekorationen mit seltener Einhelligkeit von konservativ gestimmten Kritikern ebenso wie von Neuerern in Kunst und Politik gerühmt. Das im *Salon* des Jahres 1882 ausgestellte Gemälde *Das milde Land*, als Wandbild für das Hôtel Bonnat in Bayonne bestimmt, versammelt junge Frauen vor dem blauen Wasser einer Bucht, in der sich in der

Ferne ein Segel neigt (Abb. 24). Trotz der ungezwungenen Aktionen der kräftigen Schönheiten und der Ausgelassenheit der miteinander balgenden Kinder strahlt die Szene, zum Meer hin offen, eine nahezu melancholische Gemessenheit aus. Der Schleier der Erinnerung scheint sich über diese schon nostalgische Vision weiblichen Glücks zu legen.

Der Grübler und Experimentator Hans von Marées teilte mit Puvis de Chavannes die Bewunderung für Delacroix, was ihn aber nicht daran hinderte, wie sein französischer Zeitgenosse nach einem tektonisch verfestigten Stil zu suchen. Nicht dem Symbolismus, sondern dem Idealismus rechnete man sein Werk seinerzeit zu. Der Figuren suchte er «von allen Seiten her habhaft zu werden», sie also im Wissen um ihre gesamte Gestalt, aber auch um ihren Bezug zum Umraum darzustellen. Sein elitärer ästhetischer Anspruch verleitete ihn dazu, die auf Holztafeln angelegten Motive immer wieder mit langstieligen Pinseln zu übermalen, bis die Pigmente eine fast plastische Konsistenz erhielten. Ihr Hervortreten im Bild, aber auch im Bewusstsein des Betrachters weist beständig über die konkrete Bildgestalt hinaus – Marées konnte seine Werke kaum vollenden. Paradiesische Zustände schilderte er im Gewand des Mythos vom Garten der Hesperiden, der Bewacherinnen von goldenen Äpfeln, welche ewige Jugend verleihen. In seinem Gemälde der *Lebensalter*, an dem er mehrere Jahre arbeitete, verband er den griechischen Mythos vollends mit dem alttestamentarischen Paradies (Abb. 27). Rechts greift ein prächtig konturierter reifer Mann wie schwebend nach einer Frucht in die Bäume. In dem Paar auf der linken Seite wiederholt sich die biblische Verführung. Der junge Mann, dem die Frau im Genuss der eigenen Sinnlichkeit eine Orange reicht, blickt auf den Alten am Boden, als lese er schon dessen alterndem Körper die Aufforderung ab, das Ende zu bedenken. Dem alten Mann schieben Kinder eine Frucht zu, nach der er mit seinen dürren Armen greift. Alle Bewegungen drängen um den Hain in der Mitte herum auf die Ränder des Hochformats zu. Gerade dies hält das komplexe Netzwerk der «Bewegungsströme», die Marées so wichtig waren, zusammen. In den bronzen leuchtenden Leibern vor feierlich-dunklen Land-

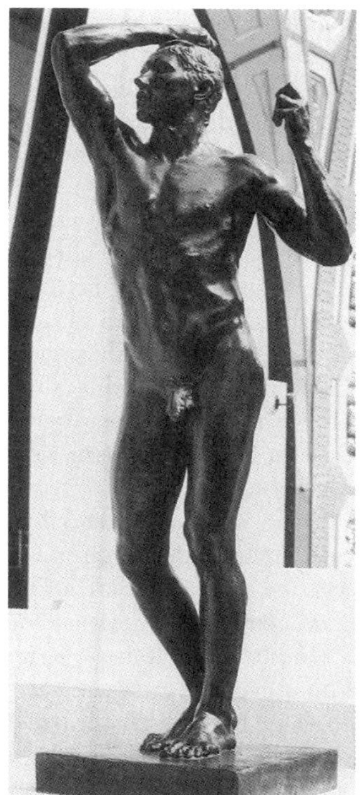

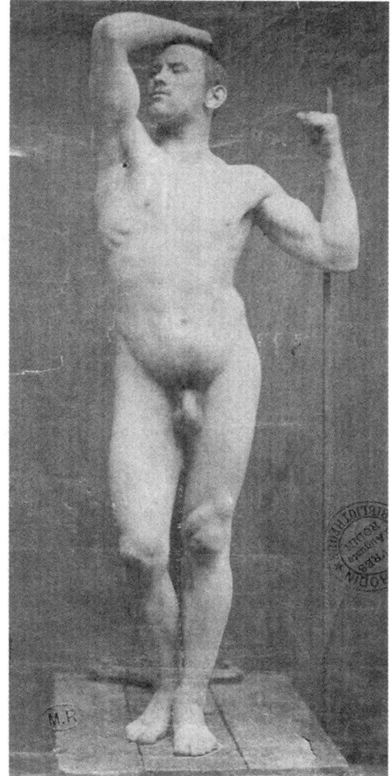

25 Auguste Rodin, Das eherne Zeitalter, 1875/76, Bronzeguss der Brüder Thiébaut nach dem Originalgips, 178 x 72 cm, Paris, Musée d'Orsay
26 Gaudenzio Marconi, Auguste Neyt, Rodins Modell für Das eherne Zeitalter, 1877, Albuminabzug nach einem Kollodiumnegativ, 24 x 14,8 cm, Paris, Musée Rodin

schaften wollte der Maler Menschheitsikonen realisieren. Der Generation der Avantgarden galt sein Werk als Gegenteil des Materialismus und der Effekthascherei des späten 19. Jahrhunderts.

Vom Jahr 1886 aus projizierte sich der Symbolismus als Bewegung in die Vergangenheit zurück. Einer der solcherart konstruierten Symbolisten war Auguste Rodin, dessen Figuren mehrfach abgegossen und zudem von berühmten Fotografen bekannt gemacht wurden. Ein und dieselbe Figur konnte durch die Neukombination mit anderen in verschiedenen Sujets eine Rolle einnehmen. Ein erstes Werk, mit dem Rodin 1876 bekannt wurde, war die Statue eines Mannes, der die rechte Hand auf den leidend seitwärts gewandten Kopf presst (Abb. 25). Das trotz der nahe beieinander aufruhenden Füße gebeugte rechte Bein hält den Körper nicht in einem stabilen Gleichgewicht wie in einem klassischen Kontrapost. Gleichsam von der Schwerkraft befreit, scheint die Gestalt zu schweben – ein Eindruck, den die flackernden Glanzlichter auf der feingliedrig durchmodellierten Muskulatur verstärken. Tief verletzt war Rodin durch die Mutmaßung der Kritiker, die Figur sei ein Körperabguss oder gebe doch die Statur des Modells mit übertriebenem Realismus wieder. So brachte er Fotos des Modells, eines kunstverständigen belgischen Soldaten, in Umlauf, um das Gegenteil zu beweisen (Abb. 26). Bei der ersten Ausstellung der Skulptur in Brüssel wurde zudem bemängelt, dass sie keinen Titel hatte. Daraufhin machte Rodin sich für kurze Zeit die vorgeschlagene Bezeichnung *Der Besiegte* zu eigen, womit die Gestalt als Kriegerdenkmal und als Anspielung auf die Revanche zu lesen wäre, die man in Frankreich nach der Niederlage im deutsch-französischen Krieg 1870/71 ersehnte. Die Bezeichnung verwarf Rodin jedoch später zugunsten des Titels *Das eherne Zeitalter*. Damit wird die Figur zur Verkörperung des Fluchs der Arbeit, der die Menschheit traf, nachdem Prometheus von den Göttern das Feuer gestohlen hatte.

Einer im Sinne Baudelaires, aber auch des Philosophen Arthur Schopenhauer verdammten Menschheit widmete Rodin ab 1880 seine *Höllenpforte*, die zunächst als Eingangstor eines neu zu schaffenden Museums für dekorative Kunst geplant war. Bald wurde sie aber zur nur noch symbolischen Schwelle vor einem Inferno nach Dante Alighieri. Das Werk blieb das unvollendete und – trotz der wohl eigenmächtigen Fertigstellung durch den Kurator Léonce Bénédite kurz vor Rodins Tod im Jahre 1917 – wohl auch unvollendbare Zentrum von Rodins Werk. Immer wieder nahm er einzelne Motive wie den *Denker* am

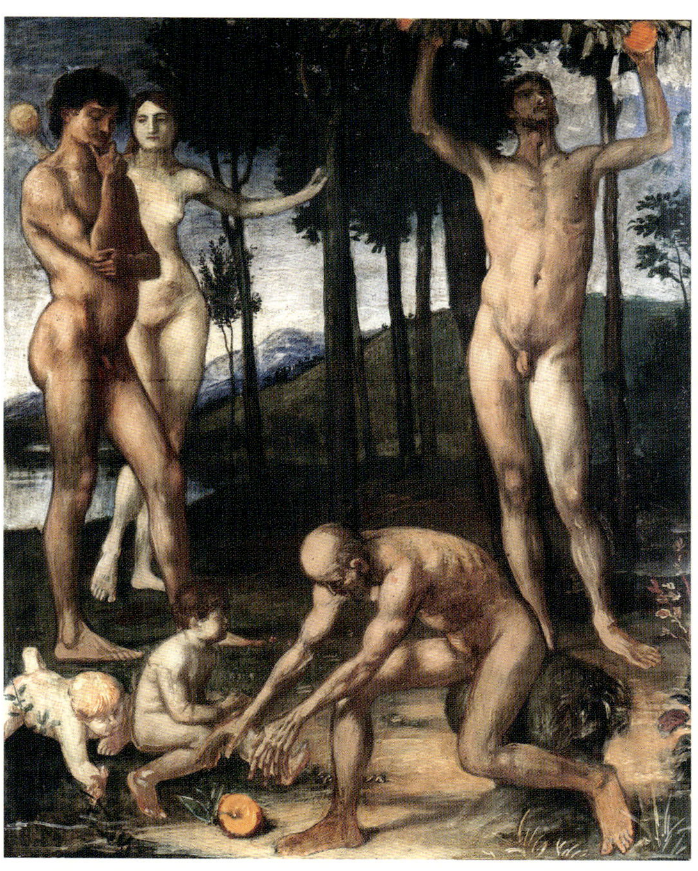

27 Hans von Marées, Die Lebensalter (Orangenbild), 1874–1878, Tempera auf Holz, 98 x 78 cm, Staatliche Museen zu Berlin, Nationalgalerie

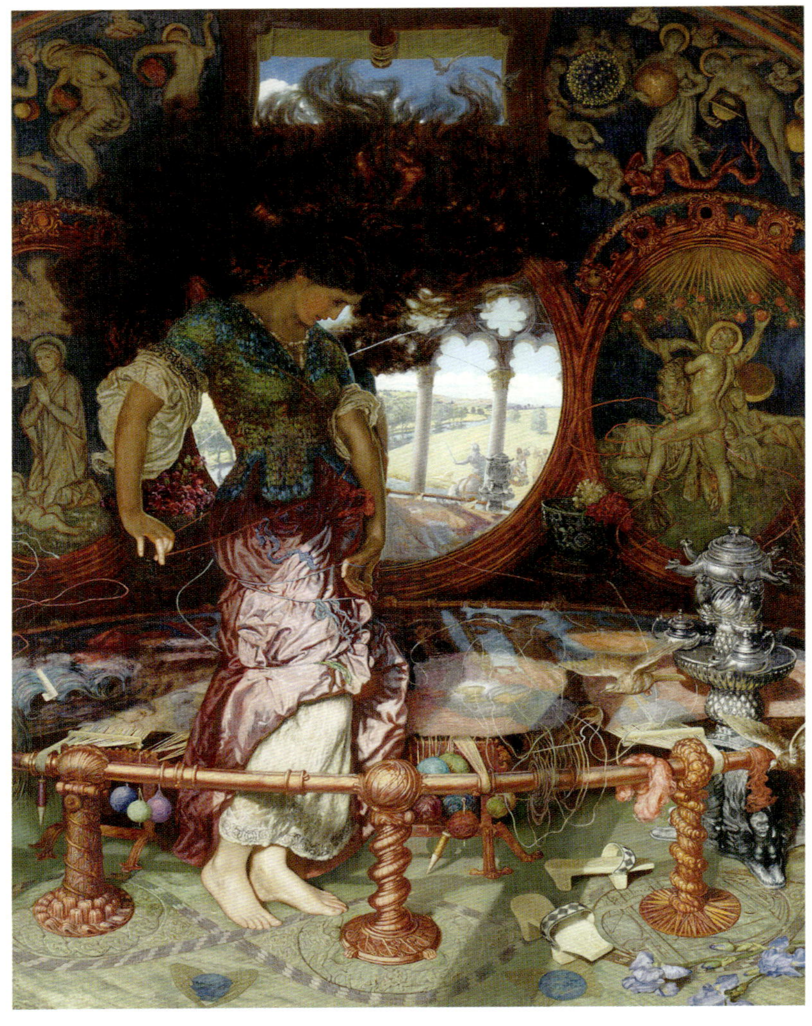

28 William Holman Hunt, Die Dame von Shalott, 1886–1905, Öl auf Leinwand, 188 x 146 cm, Hartford (Conn.), Wadsworth Atheneum

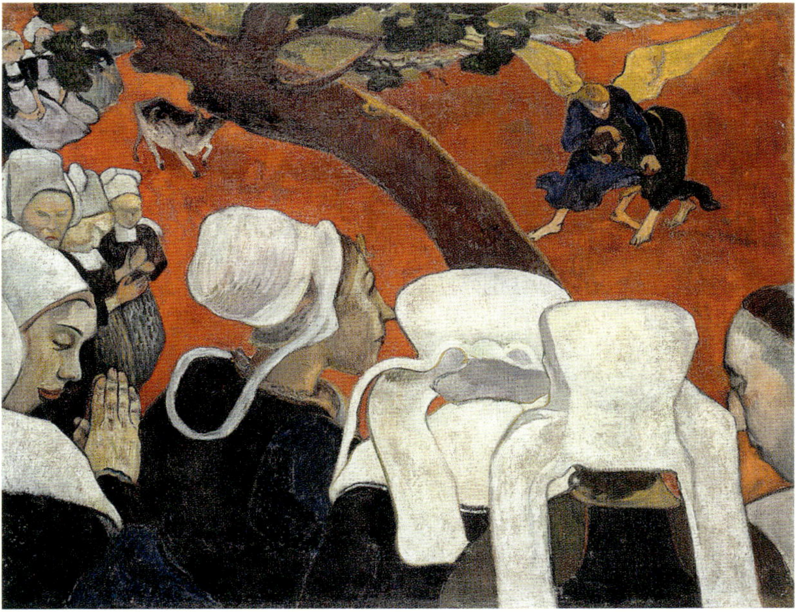

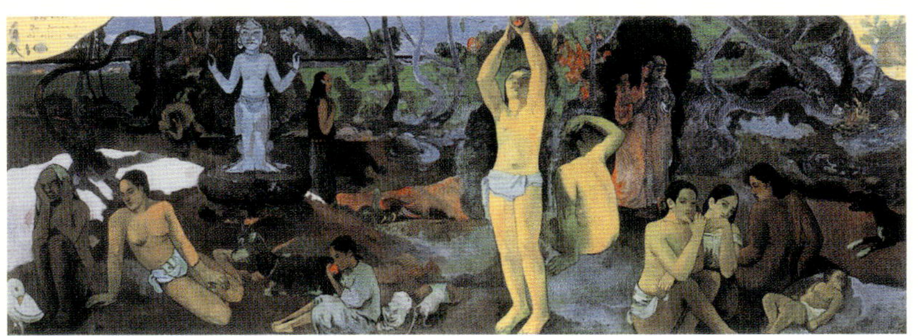

29 Paul Gauguin, Vision nach der Predigt (Jakob kämpft mit dem Engel), 1888, Öl auf Leinwand, 73 x 92 cm, Edinburgh, National Gallery of Scotland
30 Paul Gauguin, Woher kommen wir? Was sind wir? Wohin gehen wir?, 1897/98, Öl auf Leinwand, 139,1 x 374,6 cm, Boston, Museum of Fine Arts

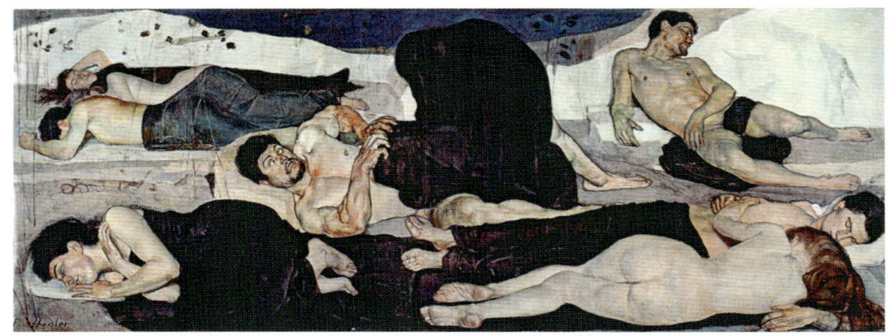

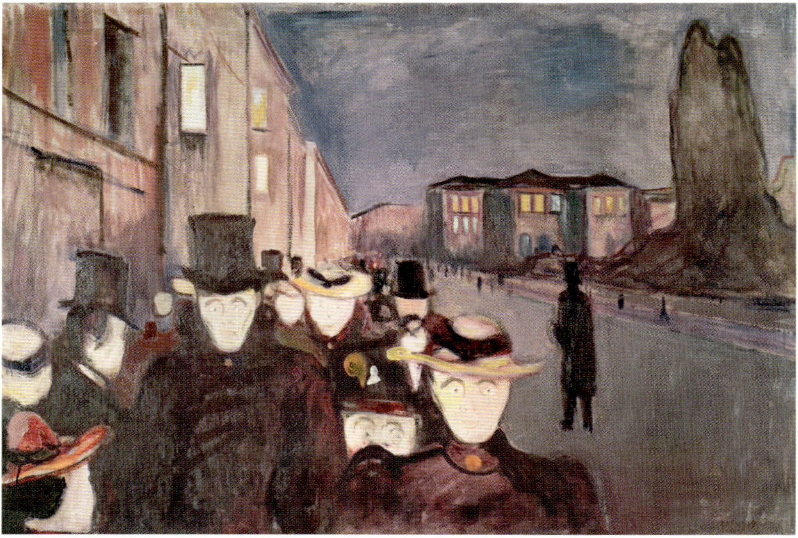

31 Ferdinand Hodler, Die Nacht, 1889/90, Öl auf Leinwand, 116,5 x 299 cm, Bern, Kunstmuseum

32 Edvard Munch, Abend auf der Karl-Johan-Straße, 1892–1894, Öl auf Leinwand, 84,5 x 121 cm, Kunstmuseum Bergen, Sammlung Rasmus Meyer

Türsturz aus dem Zusammenhang heraus und isolierte sie in monumentalen Einzelwerken.

Für den Symbolismus wurde im Nachhinein auch die englische Präraffaelitische Bruderschaft vereinnahmt. Die Bewegung war 1848 entstanden und hatte sich – wie zuvor die deutschrömischen Nazarener – dem Stil der italienischen Kunst vor Raffael verschrieben. Die im positiven Sinne als «primitiv» eingeschätzte Epoche des Spätmittelalters und der Frührenaissance hatte sich noch nicht einer als manieriert empfundenen künstlerischen Rhetorik verpflichtet, deren Erfindung man dem späten Raffael zuschrieb, dem Kronzeugen aller akademischen Malerei. Die Historienmalerei, die in England trotz besonderer Förderung seit Ende des 18. Jahrhunderts bei Auftraggebern und Käufern keine Hochkonjunktur hatte, trieben die Präraffaeliten in einem detailversessenen und doch scheinbar naiven Realismus voran, den der Schriftsteller und Kunsttheoretiker John Ruskin 1851 in der *Times* verteidigte. Man wandte sich Themen aus der mittelalterlichen und der romantischen Literatur, aus der Bibel und der modernen Arbeitswelt zu. Ein Stil, der auf die genaue Ausarbeitung aller Details, auf eine präzise Lichtwiedergabe und auf die erzählerische Erfassung moralisierender, sentimentaler Sujets konzentriert war, entführte die Phantasie zu märchenhafter Liebe, aber auch in Dramen um Erfüllung und Verfehlung.

Den Prozess der Idealisierung bestimmter Frauen aus dem Umkreis der Maler zu einem ephebenhaften Typus kann man über Jahrzehnte hinweg nachverfolgen. Von Botticelli inspirierte Frauen mit verschatteten Augen und sinnlichem Mund, deren Stirn, Nase und Kinn gleich lang sind, finden sich um die Jahrhundertwende in der Malerei z. B. von Edward Burne-Jones. In dessen Zyklus über Perseus und Andromeda (1875–1887 für den späteren Premierminister Lord Arthur James Balfour gemalt, heute in der Stuttgarter Staatsgalerie) ähneln die Protagonisten einander physiognomisch wie Märchen-Geschwister. Die unschuldig-androgynen Gestalten werden erst durch den Blick eines immer schon sündigen Betrachters sexualisiert. Burne-Jones' überragende Beliebtheit um die Jahrhun-

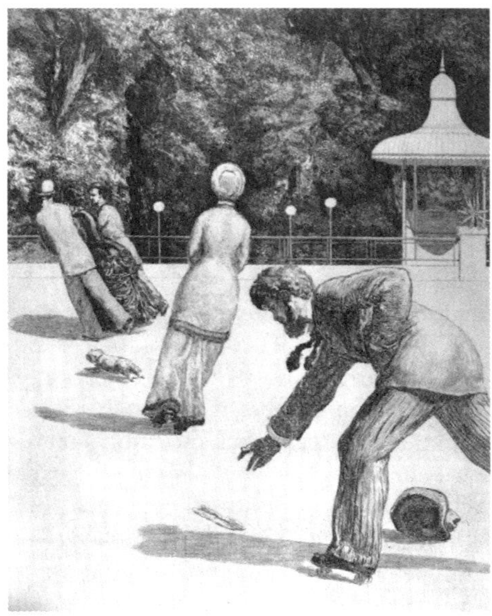

33 Max Klinger, Paraphrase über den Fund eines Handschuhs, 2. Blatt: Handlung, 1881, Radierung, 24,8 x 18,9 cm

dertwende markiert eine Spätblüte der Präraffaeliten unter dem Vorzeichen des Symbolismus.

William Holman Hunt, einer der Mitbegründer der Präraffaelitischen Bruderschaft, gestaltete in den Jahren nach 1848 Gemälde zu historischen, religiösen und moralisierenden Themen in einer realistisch beglaubigten, farbenfrohen Historienmalerei neuen Typs. Der lyrischen Ballade *The Lady of Shalott*, die der Dichter Alfred Tennyson 1832 geschrieben hatte, entnahm er den Stoff für ein Werk, an dem er von 1885 bis 1905 arbeitete (Abb. 28). Die Protagonistin ist dazu verdammt, auf einer Insel im Strom die Wirklichkeit nur in einem Spiegel wahrzunehmen und an einem zauberischen Bilde zu weben. Sie sehnt sich nach der Ankunft eines rettenden Geliebten. Als sie im Spiegel den Ritter Lancelot erblickte, wandte sie sich nach ihm um. «Out flew the web and floated wide; The mirror cracked from side to side»: «Da sauste das Gewebe heraus und wirbelte weit herum; der Spiegel brach von einem Rand zum anderen», und die We-

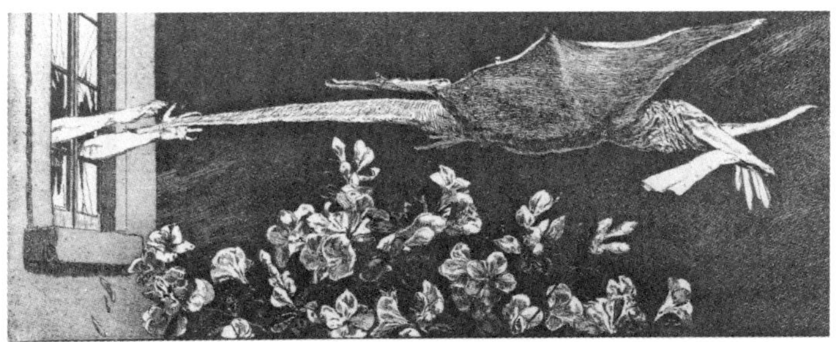

34 Max Klinger, Paraphrase über den Fund eines Handschuhs, 9. Blatt: Entführung, 1881, Radierung, 8,9 x 21,9 cm

berin trieb am Ende tot in einem Boot nach Camelot, an den Hof des Königs Artus. Hunt übertrug das prächtige Vers- und Reimgewebe (Shalott/Camelot/Lancelot) über das Verhältnis von Kunst und Leben, Frau und Mann in sein üppiges malerisches Idiom. Sein Gemälde zeigt die Protagonistin in dem Moment, in dem sie realisiert, dass ihre Kunst-Welt auseinanderfällt. Nach dem Anblick der verbotenen Frucht hat sie sich im Kreis gedreht und den Faden ihres Gewebes um ihren Körper gewickelt, ein Tanz, der durch die Bewegung des verdrehten Arms ins Pathologische gesteigert wird. In einem Teppich an der Wand kann der männliche Tugendheld Herkules seine Früchte, die Äpfel der Hesperiden, ernten, nachdem er den Atlas, den Träger des Weltgewölbes im finsteren Westen, eingeschläfert hat. Die Frau hingegen ist ins Interieur verbannt, ähnlich wie der Künstler zur Kunst verdammt ist. Physiognomisch erinnert Hunts Hauptfigur an Elizabeth Siddal, die Frau des Präraffaeliten Dante Gabriel Rossetti, die 1861 eine Todgeburt erlitten und sich 1862 das Leben genommen hatte. Nicht nur von Rossetti wurde sie danach als Beatrice idealisiert. Das Gemälde kam dem Geschmack der späten Symbolisten entgegen und sorgte gerade in jener Zeit für Furore, als der Kult um die «verfluchten» Außenseiter in einen mystischen Ästhetizismus überging.

Den Bildhauer und Maler Max Klinger zählte man zwar gegen Ende des Jahrhunderts zu den Symbolisten, doch zunächst rechnete man ihn wie Marées dem Neuidealismus zu, eine Charakterisierung, die seine phantastischen Serien von Radierungen, welche er ab 1878 schuf, nicht trifft. Am berühmtesten darunter ist die Folge über den Fund eines Handschuhs, den die Besitzerin vielleicht absichtlich beim Schlittschuhlaufen verloren hat, damit die männliche Hauptfigur der Folge, erkennbar ein Selbstporträt des Künstlers, ihn finden kann (Abb. 33). Als Fetisch führt der Handschuh seither sein Eigenleben und entschädigt den Betrachter bizarr für die vermeintliche Grausamkeit der sich entziehenden Trägerin. Die süßlichen Klischees von Liebesgeschichten, in denen der Mann die Frau am Ende immer kriegt, durchkreuzt dieses Objekt, indem es sich im Maul eines fliegenden Mischwesens durchs Fenster über den Blüten der Nacht davonmacht (Abb. 34). Die Motivik von Klingers Graphiken ist so vielfältig wie die der Buchillustratoren seiner Zeit. Doch in Zyklen wie den schelmischen *Rettungen ovidischer Opfer* (1879) oder *Eva und die Zukunft* (1880) durchbricht er die narrative Folgerichtigkeit der Bilderzählung, um durch Vermischung von Groß und Klein und durch die Konfrontation der Geschlechter Menschheitsthemen mit skurrilem Tiefsinn auszuleuchten.

Zwischen Primitivismus und Ästhetizismus: Gauguin und sein Kreis

Wenig später bevorzugten Paul Gauguin und sein Freundeskreis aus dem abgelegenen Pont-Aven in der Bretagne abstrakte Harmonien von klar gegeneinander abgegrenzten Farbfeldern. Ihre Kunst bezeichneten manche Kritiker als «Cloisonnismus», womit sie auf die Umrandungen der Farbfelder in byzantinischen Ikonen, mittelalterlichen Emails und in der Glasmalerei anspielten. Auch der Ausdruck «Synthetismus» wurde von Zeitgenossen vorgeschlagen, die für den verborgenen Gleichklang der Sinne Entsprechungen im Farb- und Formgefüge von Kunstwerken suchten. Gauguin selbst berief sich auf Vorbilder von der Volkskunst über altindische Werke bis zu Arbeiten aus Peru und der Südsee. In einem den Ursprüngen nahen und insofern «primitiven» Kunstschaffen meinten er und die Künstler in seinem Umkreis, den Formgesetzen des allgemein menschlichen Schaffensdrangs näher zu kommen. Den Glauben an einen gemeinsamen Urgrund der Form, in dem alle künstlerischen Sprachen letztlich verwurzelt sind, teilte noch Wassily Kandinsky. Doch beanspruchten Gauguin und sein Kreis nicht, das anthropologisch Allgemeine je finden zu können. Sie inszenierten ihr Werk vielmehr als unabschließbare Suche nach dem Ideal und nach einem unfasslichen Gleichklang, jener Synästhesie, in der Farbklänge und Musik letztlich zueinander finden würden.

Gauguin hat sein künstlerisches Anliegen weder unter dem Banner des Symbolismus noch unter denen von Cloisonnismus oder Synthetismus entfaltet. Sein Werk entspricht wie kein anderes dem der sogenannten *poètes maudits*, der Dichter wie Paul Verlaine, Arthur Rimbaud, Stéphane Mallarmé und Auguste de Villiers de L'Isle-Adam, die der verlogenen Bürgergesellschaft von ihren Randzonen aus die entwaffnenden Lebenswahrheiten in vollendeter Ästhetik entgegenhielten. Gauguin war zunächst Börsenmakler und Freizeitmaler gewesen, hatte aber 1882 durch eine Finanzkrise seine Anstellung verloren und war bald aus seinem bürgerlichen Dasein vertrieben worden. Er wurde wie zuvor Cézanne von Camille Pissarro in die impressionistische Malerei eingeführt. Dieser väterliche Freund künstlerischer Außenseiter hatte seine Sympathien für den humanitären Anarchismus niemals verborgen. Gauguin, der in der Jugend zur See gefahren war und sich nun immer mehr an die peruanischen Wurzeln seiner Großmutter Flora Tristan erinnerte, suchte in exotischen Gefilden nach den eigenen Ursprüngen, aber auch nach einer «primitiven» Variante des Impressionismus. Er fand diese 1877 in Panama und auf der Insel Martinique, außerdem seit 1876 in Pont-Aven, wo das Leben der keltischen Bauern durch die naturhaften Rituale einer illiteraten Religionsausübung gesteigert wurde.

Der ärmliche Charakter von Gauguins grob gewebten Leinwänden geht in Reproduktionen regelmäßig verloren; ebenso wird die Düsternis der Farben unvermeidlich aufgehellt. Aus den Originalen jedoch erklingt das dumpfe Timbre seiner Farbenmusik. Dunkelgrün und -blau mit violetten Tönen machen nur stellenweise dem Spektrum warmer Farben bis hin zu schreiendem Chromgelb Platz. Kronzeuge aller symbolistischen Deutungen seines Werkes ist ein Gemälde, in dem vorne die Köpfe bretonischer Bäuerinnen mit ihren pittoresken Hauben sowie das Profil eines Priesters aufgereiht sind, während über ihnen in einem unerhört roten Feld die Vision des mit dem Engel kämpfenden Jakob aufscheint (Abb. 29). Zeitgenossen mussten an die Ringkämpfe erinnert werden, die in den bretonischen Dörfern zu Karneval und zum Frühlingsritual gehörten. Ein gewundener Baum, der sich wie in japanischen Farbholzschnitten zu einem skurrilen Ornament verkrümmt, und eine in starker Verkürzung gesehene Kuh mit hervortretenden Beckenknochen vervollständigen den Traum im roten Feld. Obwohl Gauguin die Bäuerinnen und den Geistlichen wie der von ihm verehrte Degas gemäß den Stereotypen der zeitgenössischen Physiognomik fast verunglimpfend karikiert, lädt er die Betrachtenden doch dazu ein, sich mit ihnen zu identifizieren. Durch derartige Paradoxe überbrückt er immer wieder den Abstand zwischen Primitivität und Ästhetisierung, der für sein Werk tragend bleibt.

Die Armut wie die unstillbare Sehnsucht nach einem (stets unerreichbaren) Ursprung trieben Gauguin 1891 nach Tahiti, das seit mehreren Jahrzehnten eine französische Kolonie war. Wenn man seine Werke aus der Südsee nur als Bilder eines exotisch-erotischen Paradieses sieht, wie Baudelaire es besungen hatte, dann verfehlt man allerdings die stets präsente dunkle Seite dieser kolonialen Welt. Die religiösen Bräuche und Riten der indigenen Bevölkerung waren tatsächlich seit langer Zeit in Vergessenheit geraten. Gauguin lernte sie aus ethnologischen Traktaten wie Jacques-Antoine Moerenhouts Buch *Reise zu den Inseln des großen Ozeans* (1837) kennen und projizierte sie in die Gegenwart hinein – und zwar sowohl in seinem künstlerischen Werk wie in seiner Erotik, die der an der Syphilis erkrankte Künstler mit minderjährigen Haitianerinnen auslebte. In seinen autobiographischen Reflexionen *Noa-Noa* (tahitianisch für «entfernter Duft») beschrieb er 1897 drastisch koloniale Missstände, die er durch verzweifelte Eingaben immer wieder auch bekämpfte.

Gauguins Hauptwerk wirft philosophische Fragen auf, die es für die gesamte Menschheit stellt: *Woher kommen wir? Was sind wir? Wohin gehen wir?* (Abb. 30). Schon dass dieser Titel nicht auf dem Rahmen des fast vier Meter breiten Frieses geschrieben steht, sondern in den oberen Ecken, welche als Reminiszenz an mittelalterliche Goldgründe gelb ausgespart bleiben, deutet an, dass die Fragen nicht beantwortet, sondern nur gestellt werden. In den Figurengruppen wandelt Gauguin Pathosformeln ab, die aus der abendländischen Kultur stammen: Ein Jüngling greift wie Adam nach der Frucht, ein Freundinnenpaar ist einträchtig wie die Emmaus-Jünger beim Schreiten ins Gespräch vertieft, eine Mutter sitzt bei ihrem in Windeln gewickelten Kind. Aus einer Gruppe von drei Frauen in unschuldiger Nacktheit blicken zwei einladend auf den Betrachter – eine Erinnerung an orientalistische Gemälde wie Delacroix' *Die Frauen von Algier* (1832, Paris, Louvre). Doch wandelt Gauguin diese Motive sämtlich ab und fügt am linken Rand schließlich eine Alte ein, die er in die Position einer peruanischen hockenden Mumie zwingt. Mit ihren angewinkelten, an den Körper gepressten Armen – als würde eine innere Gravitation sie zur Leibesmitte hin zwingen – verkörpert sie gestisch das Gegenteil des Götteridols mit den ausgebreiteten Armen im Hintergrund. Anders als auf Puvis de Chavannes' melancholischen Idyllen fügen sich die Figuren nicht in gemeinsamem Genuss zusammen. Das Kind im Rücken der Mutter und zwei spielende Katzen hinter einem Mädchen sprechen von jener Beziehungslosigkeit, in der das Leben immer wieder vorbeizieht. Das Idol nimmt an diesen großen Fragen des Lebens teil, ohne sie zu beantworten.

Hodler, Klimt, Munch: Der Tod im Leben

Gauguin beschwört also in seinem Hauptwerk kein Geheimwissen. Als skeptisch gestimmter Künstler war er weit entfernt vom Kult um *Die großen Initiierten*, wie Édouard Schuré sein Buch über Rama und Krishna, Hermes und Orpheus, Pythagoras und

Moses sowie Platon und Christus 1889 betitelte. Ähnliche Mystizismen pflegte der Schriftsteller Joséphin Péladan, der 1888 eine kabbalistische, anfänglich noch katholisch grundierte Rosenkreuzer-Vereinigung mitgründete und sich seither Sâr Merodak nannte. Von 1892 bis 1897 organisierte er Kunstsalons unter dem Titel *Rose + Croix*, an denen zahlreiche Symbolisten, darunter Fernand Khnopff und Ferdinand Hodler, teilnahmen. Zu den Ausstellern zählten auch die Malerfreunde, die sich um Gauguin in Pont-Aven sammelten, sowie jene Künstler, die sich nach 1888 «die Nabis» nannten: neben dem Gründer Paul Sérusier so bedeutende Maler wie Pierre Bonnard und Édouard Vuillard sowie Maurice Denis und Félix Vallotton. Ihnen ging es eher um die Ästhetisierung des alltäglichen Lebens als um den ästhetischen Kult um Mythen, Träume und Visionen. Doch überall in Europa florierte bald eine phantastische Malerei, die um synkretistische Visionen, schicksalsträchtige Mythen und romantische Literaturhelden kreiste. Gauguin wurde von den esoterischen Ästhetizisten zwar bewundert, stellte sich aber deren elitären Neigungen entgegen. Der Impressionismus und der Symbolismus waren die gegensätzlichen Pole seines Werkes, deren Spannungsverhältnis er immer wieder neu auslotete.

Den Symbolismus hat man vielfach versucht zu periodisieren. Dabei erscheint die kunsthistorische Konstruktion von -ismen wie dem Cloisonnismus und dem Synthetismus als ebenso fragwürdig wie die Zusammenfassung von Seurat und Gauguin, van Gogh und Cézanne zum sogenannten Postimpressionismus (Roger Fry). Doch was die Helden Huysmans' und die im engeren Sinne symbolistischen Künstler in ihrer Nachfolge angeht, so ist der Übergang vom Dekadentismus zum Symbolismus unstrittig. Kaum zu leugnen ist auch die spiritualistische und mystische Umdeutung des Symbolismus zu Anfang der 1890er Jahre. Im Bereich der russischen Literatur hat man ein Entwicklungsmodell vorgeschlagen, das auf einen diabolischen Symbolismus einen kosmologischen folgen lässt, der das Spektrum biologischer und kosmologischer Ganzheitsvisionen durchleuchtet. Dieser geht schließlich in eine karnevalistische Phase über, in der die Suche nach Okkultem als Spiel begriffen und der

Tiefsinn von ehedem als Maskerade inszeniert wird (Aage Hansen-Löve). Dieses Modell findet auch noch Platz für die Totentänze und Karnevalszüge eines James Ensor, die proto-dadaistischen Dramen eines Alfred Jarry und das Spiel mit Über- und Unsinn, das die frühen Futuristen und die Dadaisten betrieben. Eine derartige Periodisierung scheint auch für den Symbolismus in den bildenden Künsten wesentlich sinnvoller zu sein als die Deutung seiner Entwicklung als einer Art illustrierter Psychoanalyse.

Aus der Fülle der Ästheten, die den früheren *Salon*-Kitsch oft unter anderem Vorzeichen erneuerten, ragen Künstler heraus, die in ihrem Werk in besonderer Weise ihr persönliches seelisches Erleben thematisiert und menschlich verallgemeinert haben. Die Kultur der 1890er Jahre war die Inkubationsphase der Psychoanalyse. Seit Kurzem besaßen Begüterte in Gestalt des Fotoalbums eine illustrierte Autobiographie. Beginnend mit der *Traumdeutung* (1899/1900) erschloss Sigmund Freud jedem Mitglied der bürgerlichen Gesellschaft, dem die Verhältnisse die Zeit und den Komfort für private Reflexion ließen, einen zweiten, scheinbar tieferen, nur dem Selbstbekenntnis zugänglichen Lebenslauf. Bevor Marcel Proust seine eigene Biographie in dem konstruierten Leben des Helden «Marcel» errettete (*Auf der Suche nach der verlorenen Zeit*, 1906–1922), versuchten Künstler wie Hodler und Munch, den Erschütterungen durch das Schicksal in ihrem Werk Form zu geben. Bei beiden überformten traumatische Verlusterlebnisse, etwa der Tod geliebter Menschen, auch das spätere selbstbewusste Erleben.

Im Hintergrund dieser Entwicklungen stand die Entzauberung der Biographie, aber auch der ehelichen Liebe und der Familie durch Darwin und seine literarischen Folgen. 1871 hatte Darwin *Die Abstammung des Menschen und die geschlechtliche Zuchtwahl* publiziert. Das Werk hatte den Effekt, dass der beständige Kampf der Männer um die Gunst der Frauen, deren vermeintliche Neigung zur Wahl des genetisch am meisten Begünstigten und damit auch die Eifersucht als normale Bestandteile des Lebensdrangs akzeptabel wurden. Die Folgen für die sozialen und ethischen, die literarischen und künstlerischen Diskurse sind gar nicht zu ermessen. Natürlich war das Publikum der 1890er Jahre durchdrungen von der Wirkung der Dramen August Strindbergs, Henrik Ibsens und Anton Tschechows. Auch die Internatsgrausamkeiten in Robert Musils Roman *Die Verwirrungen des Zöglings Törleß* (1906) und die alltäglichen Lebenslügen in Arthur Schnitzlers Erzählungen und Novellen erschienen bald als immer radikalere Attacken auf die Grenzen, welche die bürgerliche Moral der Imagination setzte. Die wechselseitige Durchdringung von Geschlechter- und Klassenkampf und der psychologische Stellungskrieg wurden als Kehrseite bürgerlicher Idyllen omnipräsent.

Die Kindheit Hodlers, der mit vierzehn Jahren bereits Vater und Mutter verloren hatte, aber acht jüngere Geschwister durchbringen musste, warf ihren Schatten noch auf Kompositionen wie *Die Lebensmüden* (1892, zweite Version in Küsnacht, Museum für Kunst, Kultur und Geschichte) oder auf die lange Serie von Gemälden und Aquarellen, in denen er seit 1908 die Schönheit, vor allem aber die Agonie seiner Gefährtin Valentine Godé-Darel bis zu ihrer Krebserkrankung 1912 und weiter bis zu ihrem Tod im Januar 1915 festhielt. Auf der Grundlage eines an französischen Vorbildern ebenso wie an Hans Holbein und Dürer geschulten Naturalismus entwickelte Hodler ab 1885 eine *Parallelismus* genannte Methode. Durch die rhythmische Gruppierung der Figuren, oft auch durch symmetrische Arrangements auf großen, breitformatigen Leinwänden evozierte er den Lebenszyklus und seine schicksalhaften Stadien von Wachstum und Verfall. International bekannt wurde er 1889/90 mit einer ebenso rätselhaften wie provozierenden Komposition, *Die Nacht* (Abb. 31). Im horizontalen Band des Bildes sind hier zwei Paare sowie zwei einzeln liegende Männer und eine Frau angeordnet. Die Körper von heroischer Schönheit sind im Schlaf mit sich allein, nur zwei ruhen in gegenseitiger Umarmung. Doch alle sind durch den Rhythmus der Malerei zu friedlichem Schlaf vereint – bis auf den in panischer Angst aufgewachten Mann in der Mitte: Zwischen dessen gespreizten Beinen macht sich unter der schwarzen Bettdecke eine dunkle Gestalt zu schaffen. Die Nacht selbst ist dieser allegorische Schrecken, in dem Eros und Tod zusammenfallen. Längst bevor Freud 1920 den Todestrieb zu denken «wagt», wie er schreibt, bevor Martin Heidegger die Angst als Grundbestimmung des Daseins akzeptiert, koinzidiert hier der Albtraum der Kastration mit der Gewissheit des Todes. Nachdem eine Ausstellung des Gemäldes in Genf 1889 verhindert wurde, begründete seine Präsentation in Paris (im Salon *Rose + Croix*), München und Venedig Hodlers Ruf.

Wie Degas und Hodler porträtierte auch der an der Wiener Kunstgewerbehochschule ausgebildete Gustav Klimt die spezifische Ausdruckskraft des Menschen in seiner komplexen Leiblichkeit, anstatt Porträtköpfe auf idealisierte Körper zu setzen. So sind Klimts symbolistische Bilder nicht von den Porträts zu trennen, die aus den Kreisen des wohlhabenden assimilierten jüdischen Bürgertums und engagierter Freunde der Wiener Sezession bei ihm in Auftrag gegeben wurden. Zyklen wie die im Zweiten Weltkrieg verbrannten *Fakultätsbilder*, die der Maler für die Aula des Universitätsgebäudes an der Wiener Ringstraße schuf, oder der *Beethovenfries*, den er 1902 für eine Ausstellung in Josef Hoffmanns Palais für die Sezession fertigte, sind der Höhepunkt seiner umfassenden Darstellungen der *conditio humana*. Auch ein Gemälde wie das bis zur Abstumpfung berühmte Werk *Der Kuß* (1907/08) ging aus der Arbeit an einem ebenso dekorativen wie dramatischen Zyklus hervor, dem Fries für den Speisesaal im Stadtpalais des Brüsseler Industriellen Adolphe Stoclet. Das Schicksal von Lieben und Leiden, Wachstum und Verfall konkretisierte Klimt in Werken, deren Formen von der Entgegensetzung zwischen Dionysischem und Apollinischem zeugen, mit der Friedrich Nietzsche in der *Geburt der Tragödie aus dem Geiste der Musik* (1872) zum Nachdenken über Bildwerdung und Lebensstrom, Einkleidung und Enthüllung, Ethos und Ekstase angeregt hatte. Wie in Rodins *Höllenpforte* durchquert auch in Klimts *Fakultätsbildern* die leidend-leidenschaftliche Humanität in triumphierender Leiblichkeit das dunkle Fluidum des Bildraums.

Die *Fakultätsbilder* lösten in Wien einen Skandal aus; mit ihnen brach Klimt eine aussichtsreiche Karriere als offiziell anerkannter Dekorationsmaler ab. Auf der Weltausstellung des Jahres 1900 in Paris ausgezeichnet, wurde seine Allegorie der *Philosophie* von den Auftraggebern dennoch abgelehnt. Dem Gemälde zur *Medizin* (Abb. 35) erging es nicht besser. Vorn tritt aus dem Strom der leidend liebenden Menschheit eine Hygieia, die Verkörperung von Gesundheitspflege und Medizin, hervor, die eine ornamental vergoldete Äskulap-Schlange aus einer kristallenen Schüssel nährt. Hinter ihr ist ein Strom von Alten und Jungen, Einsamen und Vereinten, der auch ein Skelett einschließt, zu sehen. Abseits steht eine Schöne mit gesenktem Kopf, die ein kräftiger Recke am ausgestreckten Arm noch zu halten sucht. Doch ihr Herabsinken in das Reich des Todes scheint er nicht aufhalten zu können. Nach anhaltendem Protest kaufte Klimt die Auftragswerke 1905 zurück.

In Edvard Munchs Familie wütete der Tod in Gestalt der Tuberkulose. Ein Frühwerk, das er vielfach übermalte und zudem in mehreren Varianten realisierte, zeigt ein aufrecht im Bett sitzendes *Krankes Kind* (1886, Oslo, Nasjonalgalleriet), das gefasst und mit engelhafter Abgeklärtheit seitlich zum Fenster und zugleich zu einer weinend zusammengesunkenen Mutterfigur blickt. Immer wieder hat Munch das Gemälde abgekratzt und übermalt. Die Malschichten legen sich wie ein Palimpsest übereinander, als hätte der Künstler die traumatische Wiederholung der gleichen Verlusterlebnisse in ein Motiv zu bannen versucht. Munch war zuerst im Jahre 1868 die Mutter, dann 1877 die kindlich geliebte Schwester Johanne Sophie gestorben. Da er selbst eine Tuberkulose-Krankheit überstand, hat er sich unbewusst wohl auch selbst am Schicksal der Schwester schuldig gefühlt. Die Erfahrung unerfüllter oder verflossener Liebe überlagerte später die Todeserfahrung. Die Erinnerung an die junge, mit einem Cousin verheiratete Emilie «Milly» Thaulow, mit der Munch 1885 kurzzeitig eine illegitime Liebschaft hatte, projizierte er auf jede neue Partnerin. Selbst das Konterfei zweier männlicher Freunde, auf die er eifersüchtig war, zog er bisweilen in einem gemalten Gesicht zusammen.

Nach einigen gescheiterten Ausstellungen und vor dem Hintergrund heftiger Kritik wurde Munch 1892 klar, dass er seine

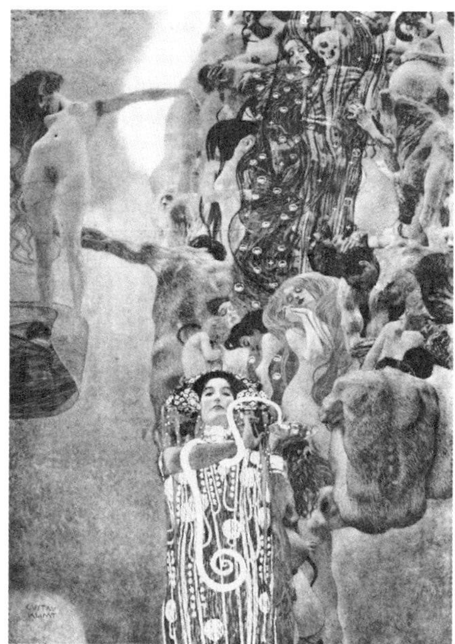

35 Gustav Klimt, Fakultätsbild der Medizin, Deckengemälde für die Aula des 1883 eröffneten Universitätsgebäudes an der Wiener Ringstraße, 1901, Öl auf Leinwand, 1945 verbrannt

Werke im Zusammenhang ausstellen musste. So ergänzten sie sich gegenseitig zu einer Reflexion über psychisches und biographisches Erleben, dessen schockhafte Episoden Munch in obsessiven Bildfindungen in der Deutlichkeit von Piktogrammen festhielt. Später stellte er seine Werke immer wieder neu zu einem *Lebensfries – Ein Gedicht über Leben, Liebe und Tod* zusammen, der unter der Decke umlief, während unten in Vitrinen dieselben Kompositionen in Lithographien und Holzschnitten zu sehen waren. Zum ersten Mal widmete er 1902 in der Berliner Sezession die vier Wände eines Raumes Oberthemen, die zusammen die Emotionen klassifizierten: *Keimen der Liebe*, *Erblühen und Vergehen der Liebe*, *Angst* und *Tod*.

Immer wieder blickt aus Munchs Werken ein Gesicht im Vordergrund auf den Betrachtenden, woraus sich oft eine rätselhaft bleibende Begegnung oder gar Konfrontation ergibt. Anfang der 1890er Jahre zeigte er die Passanten auf einer Hauptverkehrsstraße in Oslo (damals Kristiania), die mit angstvoll ausdruckslosen Gesichtern auf ihr Gegenüber blicken – in der Bildfiktion auf die Entgegenkommenden, außerhalb derselben aber auf den Betrachter des Gemäldes (Abb. 32). Diesem erscheint die Lebensangst, die ihm aus der anonymen Masse entgegenstarrt, als bedrohlich. In Aggression umschlagende Angst prägt Munchs Werk ebenso wie das Ineinander von Liebe und Eifersucht. Etwa gleichzeitig mit dem Blick auf die abendliche Menge arbeitete er an dem Motiv eines Einsamen an der Uferpromenade über dem Oslofjord, hinter dem das Eifersuchtsmotiv eines Paares erscheint. Daraus entwickelte er 1892 sein berühmtes Hauptwerk *Der Schrei*, ursprünglich als *Der Schrei der Natur* ausgestellt (es existieren zwei in Öl gemalte Versionen und eine in Pastell). Entlang des sogartig fluchtenden Weges scheint uns der Schrei nicht aus dem Gesicht der einsamen Gestalt im Vordergrund, sondern aus der Tiefe des Bildes entgegenzufluten. An die Stelle der melancholischen Harmonien, welche für die Mehrzahl von Munchs Kompositionen kennzeichnend sind, tritt nun ein Vibrieren dissonanter Farben und Linien um den Strudel des schreienden Mundes. Die Fixierung des Lebens in der Erinnerung und seine Verfestigung in malerischen Sujets kollabieren in dem hier verewigten, fortdauernd schockhaften Augenblick einer unentrinnbaren Verzweiflung. Paradigmen der Psychoanalyse wie der Wiederholungszwang, das Trauma oder die Traumarbeit der Verdichtung und Verschiebung werden in Munchs Werk vorweggenommen.

Cézanne, der große Außenseiter: Das Bild im Werden und das unmögliche Meisterwerk

Im Werk Cézannes werden künstlerische Verfahren zu einem System vereinheitlicht, in das sich der Betrachter am besten einsehen kann, wenn er in das immer radikaler werdende Œuvre des Künstlers in zeitlicher Folge eindringt. Auf diese Weise kann er am Ende den vom Gegenständlichen losgelösten Rhythmus der Malerei erleben, der mit den Dingen jedoch in ein Spannungsverhältnis tritt. Die Hauptelemente dieses Rhythmus sind orthogonal (horizontal und vertikal) umgrenzte gegenständliche Motive und Farbfelder, bei denen warm- und kaltfarbene Zonen subtil miteinander kontrastiert, aber auch verwoben werden. Aus dieser Musik von Form und Farbe leuchten die Gegenstände wie aus einer abstrakten Klangwelt verzaubert hervor.

Immer weniger knüpfte Cézanne an solche Idiome wie die freie Pinselschrift der Impressionisten an, die ein unvoreingenommener Zeitgenosse noch ohne Weiteres verstehen konnte. In seinem verquälten Jugendwerk hatte der scheue Maler Sujets der geläufigen Malerei parodiert oder hysterisch übersteigert: Ein Frühstück im Grünen artet hier zu einer Mordszene aus, in der *Versuchung des hl. Antonius* bahnt sich eine wilde Orgie in einem Bordell an. Porträtierte konfrontieren uns als düstere Gegenüber, Gruppenszenen scheinen von absurden Ritualen angetrieben. Der frühe Cézanne suchte sich selbst jenseits der kulturell akzeptierten Bilder. Der strenge Rhythmus, der sich später über sämtliche Bildgegenstände zieht, ist als Zeichen einer zwanghaften Sublimierung gedeutet worden, durch die Cézanne die herandrängenden Gegenstände auf Distanz gehalten habe (Meyer Schapiro). Erste Schritte dazu sind in dem Gemälde *Das Haus des Gehängten* erkennbar, das Cézanne 1874 auf der ersten Impressionisten-Ausstellung zeigte (Abb. 37). In dickem Farbauftrag malte und spachtelte er die kalten Erdfarben auf, die zu einem komplexen Gefüge zusammenfinden. Es besteht aus einem auf- und einem absteigenden Weg, aus noch frühlingskahlen Bäumen und dem Rhythmus dreier mit blauen Läden verschlossener Öffnungen in eine Fassade, die windschief wie das gesamte Liniengefüge ist. Ein fahles Licht legt sich über die menschenleere Landschaft, die im munteren Tanz der Dächer vor dem fernen Hügel über der Oise ihr Eigenleben entfaltet. Schon hier ist die Materialität der Farbe der Fläche verhaftet, und dennoch formt sich, wenn man sich länger auf das Bild einlässt, aus dem Übermaß vertrackter Geometrie ein lebendiges Landschaftserlebnis.

Ab den späten 1870er Jahren schließen sich bei Cézanne dann die Gegenstände eines Stilllebens – wie Äpfel und Krüge – oder einer Landschaft – wie Felsen, Bäume und Berge – zu

Gruppen zusammen, in denen das Einzelne stets durch seine Farben und Formen in der Gesamtheit aufgeht. Das Arrangement ist ebenso systematisch tektonisch strukturiert, wie die Pinselstriche gleichgerichtet diagonal verlaufen. Dennoch ist das orthogonale Gerüst nicht fest mit dem Bildgeviert verbunden. Leicht in die Schräge gekippt, scheint es vielmehr gleichsam im Rahmen zu schweben. Die komplementären Farb- und die Helldunkelkontraste erscheinen zuerst gedämpft. Doch bei längerem Betrachten steigern sich die Gegensätze immer mehr. Im zuerst noch eintönigen Gefüge der Pinselzüge zeichnen sich immer plastischere, gewichtigere Formen ab. Im Prozess eines unbemerkt aktivierten Sehens nimmt das Bildgeschehen so rigoros Form an, dass es jedem, der ein Gemälde Cézannes einmal länger betrachtet hat, kaum noch möglich ist, sich an den ersten Eindruck zu erinnern.

In den 1890er Jahren wird der lebhafte Rhythmus oft durch unfertig anmutende Bereiche oder durch Gegenstände unterbrochen, die zu dem kleinteiligen Gefüge merkwürdig quer stehen (Abb. 38). Ein Weg, dessen Fluchtung durch bildparallel verlaufende Schatten unterstrichen wird, führt ins Niemandsland des im Sonnenlicht vielfarbig skandierten Grüns eines südlichen Wäldchens. Auf einen Pfahl im Vordergrund antwortet in der Bilddiagonale der überhängende rote Felsen, der sich als eingefärbte flache Zone vor die Landschaft schiebt. Daneben wächst die Vegetation nur um so freudiger nach oben, als schöben Dutzende von Springbrunnen ihren instabilen Strahl in einen allzu blauen Himmel. Die isolierten Objekte stechen ebenso aus dem dinglichen wie aus dem flächenhaften Gefüge hervor und verspannen so beide miteinander. Heftige Plastizität koinzidiert mit Flächenhaftigkeit. So wird das landschaftliche Ereignis durch den Felsen nicht bedrohlich überschattet, sondern in seiner Lebhaftigkeit nur gesteigert. Bei Cézanne steckt das Leben gerade in den toten Dingen.

Umgekehrt reduziert sich das Leben, etwa das glückliche Bad einer Gruppe von Menschen in einem Fluss, zu einem Miteinander, das dem der Bäume in einer Landschaft analog sein kann. Jahrelang arbeitete Cézanne an fast einhundert kleinen und drei

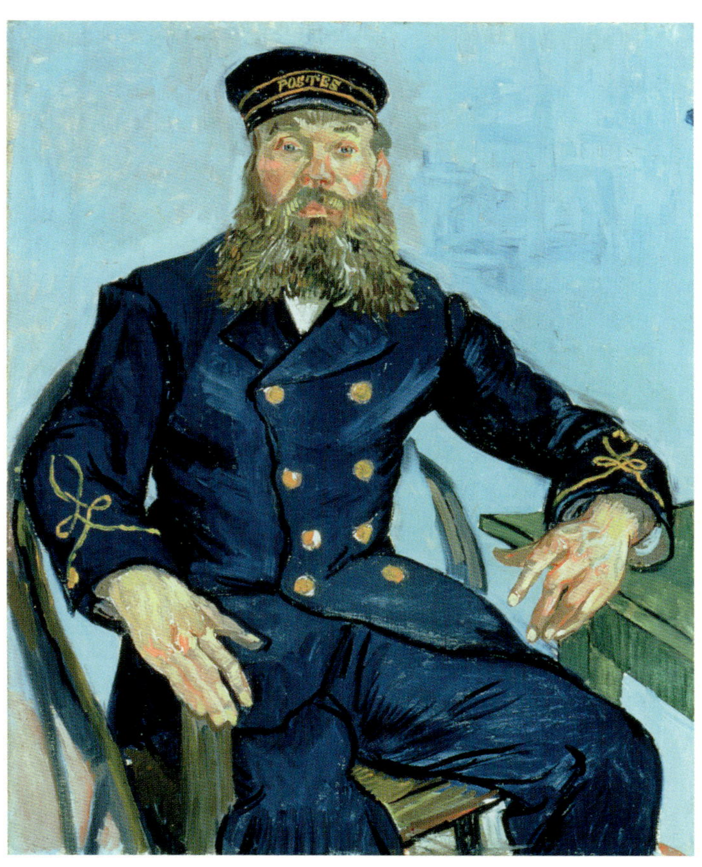

36 Vincent van Gogh, Bildnis des Briefträgers Joseph Roulin, an einem Tisch sitzend, 1888, Öl auf Leinwand, 81,2 x 65,3 cm, Boston, Museum of Fine Arts

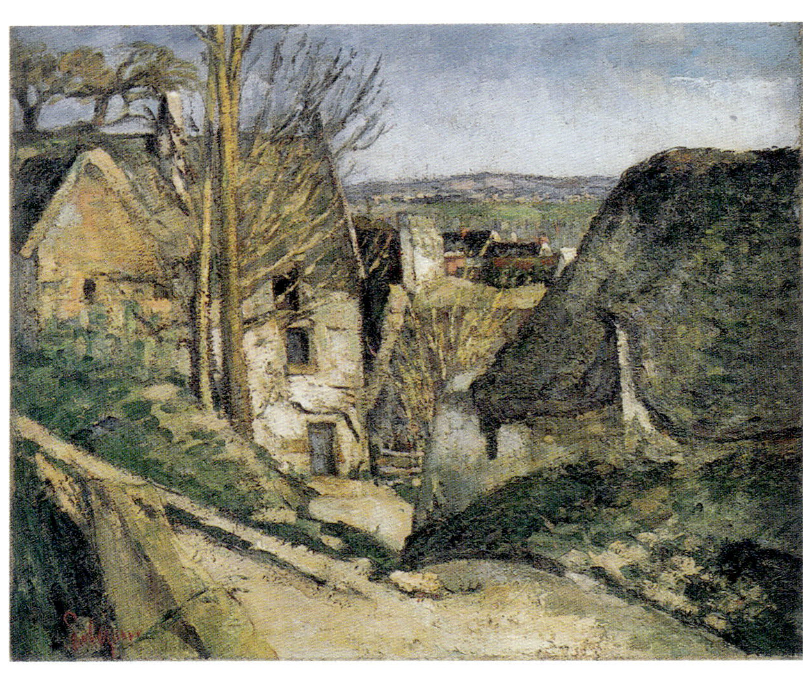

37 Paul Cézanne, Das Haus des Gehängten, Auvers-sur-Oise, 1873, Öl auf Leinwand, 55 x 66 cm, Paris, Musée d'Orsay

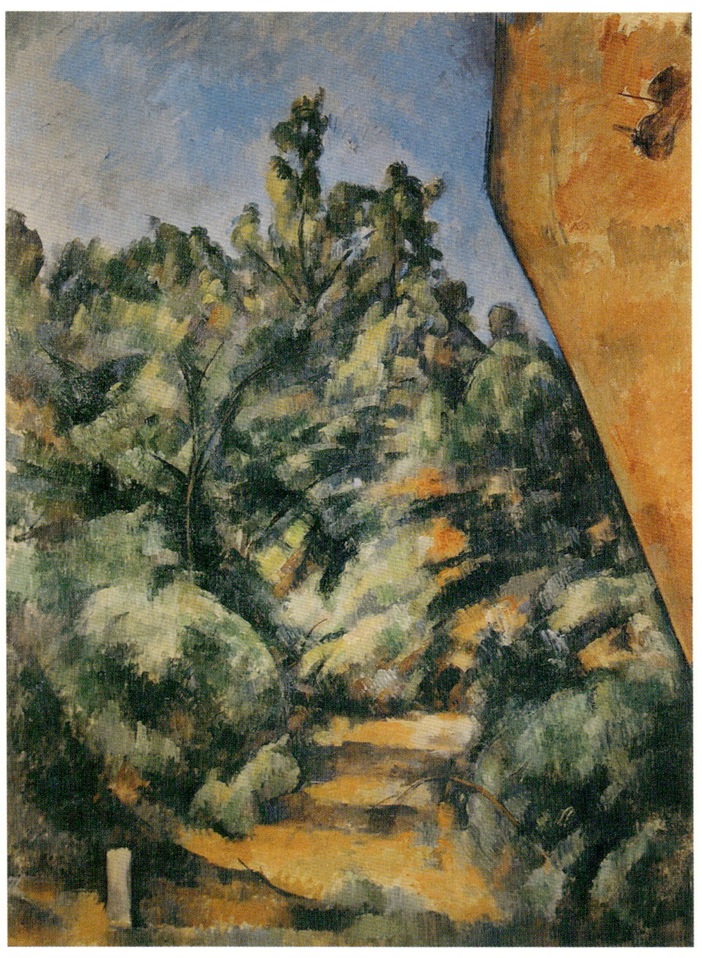

38 Paul Cézanne, Der rote Felsen, um 1895, Öl auf Leinwand, 92 x 68 cm, Paris, Musée de l'Orangerie

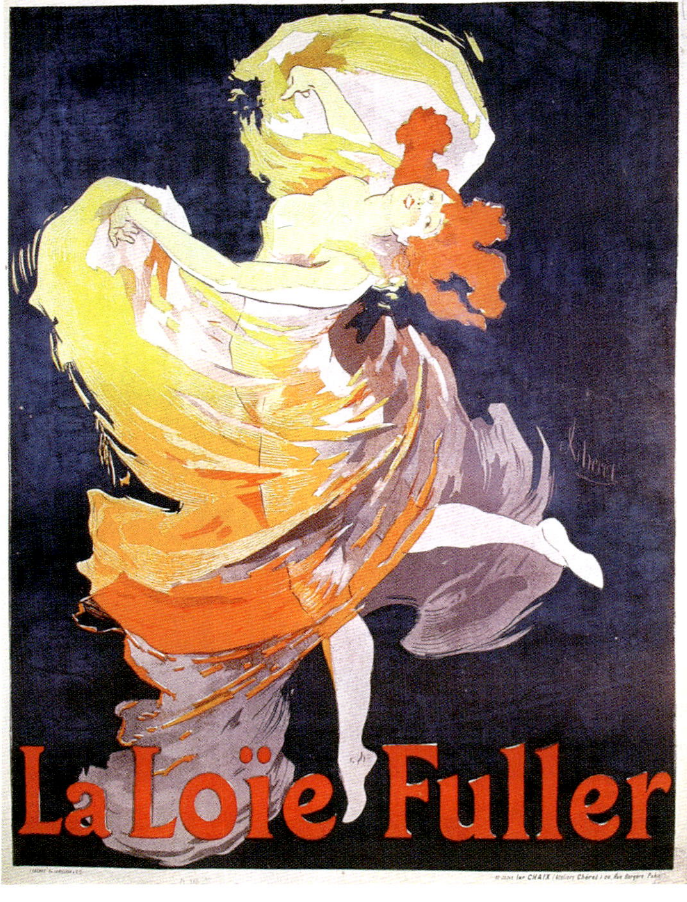

39 Jules Chéret, Plakat für Loïe Fuller, Paris, Folies-Bergère, 1893, Farblithographie, 123,2 x 87,6 cm, Paris, Bibliothèque des Arts Décoratifs

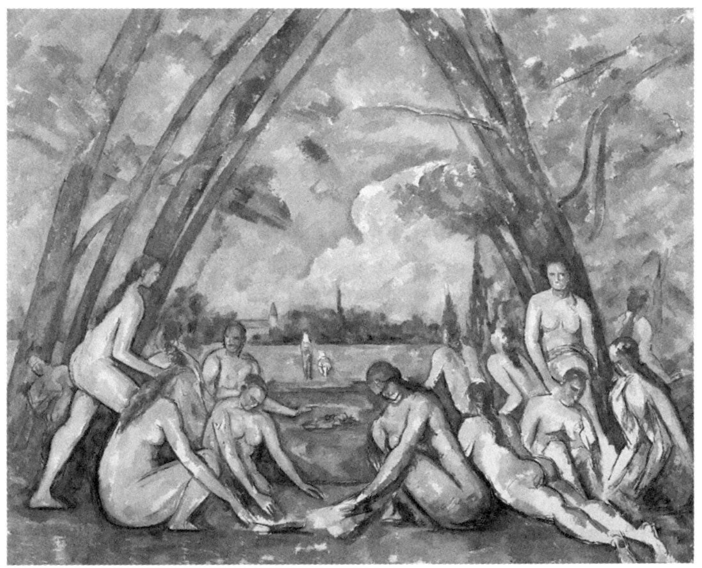

40 Paul Cézanne, Die großen Badenden, 1898–1905, Öl auf Leinwand, 208 x 249 cm, Philadelphia Museum of Art

großformatigen Kompositionen zum Thema der *Badenden*. Kurz vor seinem Tod hielt er das Werk nicht nur für unvollendet, sondern die Bemühungen darum sogar für gescheitert. In der wohl letzten Version (Abb. 40) haben sich die Frauengruppen zu zwei variationsreichen, symmetrischen Massen verfestigt, die von einer Art Spitzbogen aus sich neigenden Bäumen überfangen werden. Wie um diesen Bogen von unten zu beantworten, strecken sich Hände nach einem rätselhaft bleibenden Gegenstand aus. Auf das Vergnügen der kaum mehr feminin wirkenden Frauen im Vordergrund antworten am gegenüberliegenden Ufer des Flusses zwei Menschen, ein Turm, zwei Bäume und eine ornamental aufsteigende Wolke. In der merkwürdigen Stumpfheit dieser nicht mehr arkadischen Idylle treten die Menschen wieder in die Natur ein. Und diese ist nichts Äußeres mehr, sondern realisiert sich erst im Akt des Betrachtens – allerdings nicht als ein Sehen, das im Blick auf die Badenden seine Erfüllung fände. Cézannes Vision eines Frauenbades ist durch den Betrachter ebenso unabschließbar, wie sie für den Künstler unvollendbar war.

Die Kunstgeschichte hat sich ihren Cézanne auf vielfache Weise konstruiert: als Traditionalisten, der, wie er sagte, die Klassizität eines «Poussin nach der Natur noch einmal machen» wollte oder der in dem Wunsch nach Heimkehr in eine ewig archaische Mediterrania zu Giotto zurückfand; als Symbolisten, der die Seele im musikalischen Rhythmus der Natur erklingen ließ; als Kubisten, der den Prozess des rationalen Gestaltsehens durch die rhythmischen Strukturen auf der Leinwand vorwegnahm; schließlich als Neurotiker, der seine verklemmte Grundstimmung in triumphierenden Sublimierungsleistungen überwand oder überdeckte. All diese Konstruktionen verharren zu sehr an der Oberfläche der malerischen Struktur. Wenn man jenseits davon nicht erlebt hat, wie in Cézannes Werken die Natur im Rauschen des Lichts immer klarer als Raum möglichen Lebens präsent wird, dann bleibt einem die «Suche nach dem verlorenen Realen» (Philippe Sollers), die dieser Großmeister des sich selbst erlebenden Sehens unternahm, verschlossen.

V. Die Phantasie in der Epoche der Industrialisierung: Das System der Künste und der Medien

Die Fotografie und ihre Anwendungsbereiche

Die Fotografie, 1839 erfunden, war nicht nur ein Verfahren neben anderen, um Gesehenes auch für andere sichtbar zu machen. Über das Neue an dieser Technik, die eine ganze Bildkultur revolutionierte, wurde schon früh auch theoretisch diskutiert. Der fotografische Abdruck des sichtbaren Lichts ist noch kein Bild. Erst dadurch, dass man in der belichteten Emulsion etwas anderes als eben nur die belichtete Emulsion sieht, wird das Foto zum Bild und tritt in unsere Vorstellungswelt ein. Bei Zeichnungen und Gemälden geht das Vorstellungsbild der Gestaltung des Bildträgers voraus. Dies macht der Duktus, die unmittelbar sichtbare Handschrift eines Individuums sichtbar. Viele schlagen das Foto daher der Welt selbst zu und nicht den bildlichen Vorstellungen, die Gesellschaften und Individuen sich von der Welt machen. Anders als in den Bildern von der Höhlenmalerei bis zu Delacroix ist das Gesehene auf Fotos nicht per se schon durch Erkenntnis und Begriffe durchdrungen. Für Baudelaire gehörten die neuen Bilder daher zum Bereich der Fakten, nicht der Phantasie. 1859 schrieb er aus Anlass des *Salons*, die Fotografie als «diejenige Industrie, die uns eine identische Kopie der Natur gibt», habe «auch den letzten Rest göttlicher Inspiration im französischen Geist beseitigt». Wenn naturalistische Maler ihr Bildpersonal dazu brächten, «für die Dauer der Belichtung die Grimasse zu halten», so verzichteten sie auf Analyse und Synthese. «Ich ziehe die Missgeburten meiner Phantasie der Trivialität der Fakten vor.»

Die mechanische Abhängigkeit des fotografischen Bildes vom Gegebenen unterstrichen auch andere Theoretiker. Charles Sanders Peirce unterschied um 1900 zwischen drei Zeichentypen. Der erste ist das *Icon*, dessen Bedeutung allein jenen Relationen zu verdanken ist, die im Zeichen selbst liegen. Darunter fällt jedes künstlich hergestellte Bild, aber auch das Diagramm – also alle Zeichen, die Sinn vermitteln, auch wenn sie nichts Wirkliches, sondern nur Mögliches darstellen. Unter den zweiten Zeichentyp, den *Index*, fällt ein Spiegelbild ebenso wie die Fotografie. Bei ihm muss ein *Zweites*, etwas außerhalb des Zeichens selbst Liegendes, hinzukommen, mit dem das Zeichen in physischem Kontakt steht, etwa die Spur, die das Licht bei der Fotografie auf der empfindlichen Emulsion des Bildträgers hinterlassen hat. Der dritte Zeichentyp ist das *Symbol*, bei dem sich das Zeichen einer Konvention (als einem *Dritten*) verdankt, die den Bezug zwischen Zeichen und Bezeichnetem regelt. Peirce zufolge wäre das Foto also eher der physischen Welt als ihrer gedanklichen Verarbeitung zuzuschlagen. Ähnlich betonte Roland Barthes 1980 in *Die helle Kammer*, dass in einem Foto die Vergangenheit ganz stumpf in die Gegenwart hereinreiche: «Das ist so gewesen». Ein Jugendfoto seiner schönen Mutter sage ihm nichts, außer dass es deren Vergänglichkeit vorführe. Das eigentlich Fotografische am Bild der Mutter ist für Barthes ein *punctum* jenseits aller Interpretation (des *studiums*). Peirce und Barthes ging es trotz mancher Gemeinsamkeiten um Unterschiedliches: Der eine wollte den Wert von Zeichentypen in einer Theorie verorten, die das Denken als *praktischen* Umgang mit Zeichen auffasst. Der andere wollte den Ort bestimmen, den der widerständige Rest einer gedanklich niemals durchdringbaren Wirklichkeit in unserem durch Zeichen vermittelten Denken behält. Für Barthes schießt das *punctum* «wie ein Pfeil aus seinem Zusammenhang hervor, um mich zu durchbohren». Während wir im *studium* die Fotografien aufsuchen, um uns kulturelles Wissen anzueignen, bezeichnet das *punctum* das Bestechende, das uns heimsucht.

Doch blieben derartige Theorien, in denen das Foto als Abdruck oder Indiz der Welt – vor ihrer interpretierenden Bewältigung – gesehen wurde, nicht unwidersprochen. Walter Benjamin hat höchst eindrücklich deutlich gemacht, wie im Foto die Spur des Lichts und das im Sehen immer schon gedeutete Bild einander durchdringen. Er befreite die Debatte dadurch von einem Denken, in dem *Icon* und *Index*, Phantasie und Industrie, *studium* und *punctum* ausschließlich gegeneinander ausgespielt werden. Benjamin zeigte, dass die Fotografie nicht auf die von Baudelaire beklagte Entmachtung der Phantasie hinausläuft. Von dem neuen Medium sei vielmehr zunächst ein neuer Zauber ausgegangen – Benjamin beschreibt ihn mit dem Begriff der «Aura». In seiner *Kleinen Geschichte der Photographie* (1931) analysiert er eine Geisteshaltung, welche die frühen Fotografen mit ihren Modellen teilten. Ein Fischweib aus New Haven, das David Octavius Hill mit Robert Adamson im Juni 1845 fotografierte, sei mit dem Fotografen durch die zugleich ängstliche und begeisterte Begegnung mit der Magie des neuen Mediums geeint gewesen. Die «lässige, verführerische Scham», mit der sie «zu Boden blickt», bezieht Benjamin auch auf die verblüffend realen neuen Bilder.

Mehr als andere Theoretiker ging Benjamin auf die Zeitlichkeit des Fotos ein, und zwar sowohl auf die augenblickshafte Zeit, die im Bild selbst enthalten ist, als auch auf die geschichtliche Zeit, in der das Foto die gesellschaftliche Wahrnehmung transformiert und vor allem beschleunigt hat. Im fotografischen Bild selbst scheint die Zeit still zu stehen, und gerade durch diese Augenblickshaftigkeit wird die unhintergehbare Zeitlichkeit des Wahrnehmungsprozesses ins Bild gebannt. «An einem Sommermittag ruhend einem Gebirgszug am Horizont oder einem Zweig folgen, der einen Schatten auf den Betrachter wirft, bis der Augenblick oder die Stunde Teil an ihrer Erscheinung hat» – all dies bezeichnet Benjamin als «Aura», «ein sonderbares Gespinst von Raum und Zeit: einmalige Erscheinung einer Ferne, so nah sie sein mag.» Die «Aura» meint aber auch den Einbruch des fotografischen Bildes in die immer schon durch Bilder vermittelte und geschulte Vorstellungskraft. Ein Werk, auch ein Foto, hat nicht an sich schon so etwas wie eine Aura, sondern erst durch seinen Einbruch in die Geschichte. Auratisch sind für Benjamin denn auch nur die Fotos, die am Anfang der Fotogeschichte stehen. Wenn Männer und Frauen dagegen in pompösen Interieurs posieren und dabei ihren Arm auf künstliche Säulen legen, dann ist die Aura unwiederbringlich verloren. Die Authentizität von Hills Fotos ist dann einer Industrie gewichen, deren Grundlage das massenhafte Streben nach einer repräsentativen Identität ist. Die «Aura» ist für Benjamin an den historischen Moment gebunden, in dem das Foto neu auftrat und die Geschichte des Sehens und seiner Vermittlung durch Bilder veränderte.

Tatsächlich haben die Fotografie und ihr Gebrauch bemerkenswerte Verschiebungen im System der Medien und der Künste bewirkt. Seit Louis Daguerre 1839 sein Verfahren für praxisreif erklärt und es der französischen Akademie der Wissenschaften hatte vorstellen lassen, veränderte es die Malerei, die Reproduktion von Kunstwerken, die illustrierte Presse wie auch die naturwissenschaftliche Erkenntnis. Durch eine fotografische Linse wurde ein Bild auf eine versilberte Kupferplatte projiziert, die mit Jod-, später mit Bromdämpfen fotosensibel

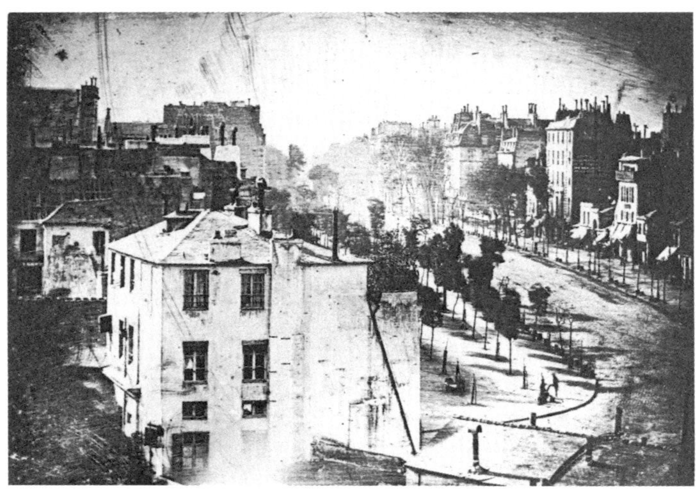

41 Louis Jacques Mandé Daguerre, Boulevard du Temple, Paris, um 1838, Daguerreotypie, 12,9 x 16,3 cm, München, Bayerisches Nationalmuseum

gemacht worden war. Entwickelt wurde das Bild mit Quecksilberdämpfen. Daguerres Bilder auf metallischen, bald durch Einmischung von Gold getönten Platten erkennt man erst, wenn man sie im Licht wendet. Als wertvolle Unikate wurden sie in mit Samt ausgelegten Schatullen aufbewahrt. In einer durch unsachgemäße Behandlung leider zerstörten Daguerreotypie hielt der Erfinder der Fotografie schon 1838 den Blick aus seinem Atelier auf den Pariser Boulevard du Temple fest (Abb. 41). Die Zeitgenossen rühmten daran vor allem die unerhörte Detailschärfe, die es ermöglichte, wie in der Wirklichkeit durch genaue Beobachtung immer neue Einzelheiten zu erkennen. Später betrachtete man wie gefangen den wegen der langen Belichtungszeit leicht unscharfen Schuhputzer im Vordergrund, in dem man den ersten Menschen sah, der in ein Foto gebannt wurde.

Als es gelang, die anfänglich erhebliche Belichtungszeit von etwa einer Viertelstunde auf eine halbe Minute zu reduzieren, boten sich die preziösen Bilder vor allem für die Porträtfotografie an. Einem amerikanischen Vertreter des rasch aufblühenden

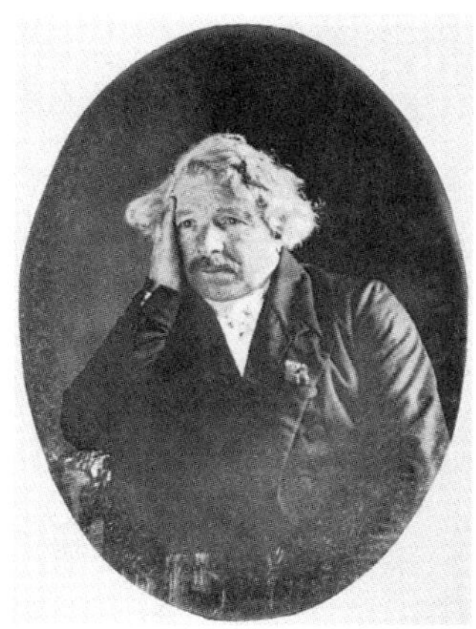

42 Charles Richard Meade, Louis Jacques Mandé Daguerre, 1848, Daguerrotypie, Washington (D. C.), Museum of American History, Smithsonian Institution

Gewerbes gelang es 1848, den scheuen Daguerre selbst zu überreden, für ein Foto zu posieren (Abb. 42). Die neue Technik verschaffte jedem Bürger bald sein eigenes Konterfei. Schon im früheren 19. Jahrhundert war es üblich geworden, dass Liebende Porträtminiaturen des Partners in ovalen Schmuckstücken mit sich trugen. Diese Porträtvignetten wurden nun durch die Fotografie abgelöst. Die teure Daguerreotypie wurde bereits ab 1854 durch Fotografien im Visitenkartenformat von 5,5 mal 9 Zentimetern verdrängt, die man in größeren Serien herstellen lassen konnte. Sie wurden im 1850 erfundenen nassen Kollodiumverfahren produziert, bei dem eine Glasplatte mit einer aus Baumwolle hergestellten fotosensiblen Emulsion beschichtet wurde. Nach dem fixierten Glasnegativ ließen sich auf lichtempfindlichem Fotopapier beliebig viele Abzüge machen. Die Möglichkeit der Reproduktion der nunmehr nicht mehr seitenverkehrten, dafür aber weniger detailscharfen Aufnahmen war gegenüber der Daguerreotypie ein erheblicher kommerzieller Vorteil. Fotos traten in das Brauchtum der Familien ein, wie es der in Gérômes Atelier geschulte, zum Naturalismus bekehrte Maler Dagnan-Bouveret ironisch vorführt (Abb. 43). Auf Fotos stützten sich aber auch erschütternde Bräuche. So war es besonders in Nordamerika bis in die 1880er Jahre verbreitet, Verstorbene so auf-

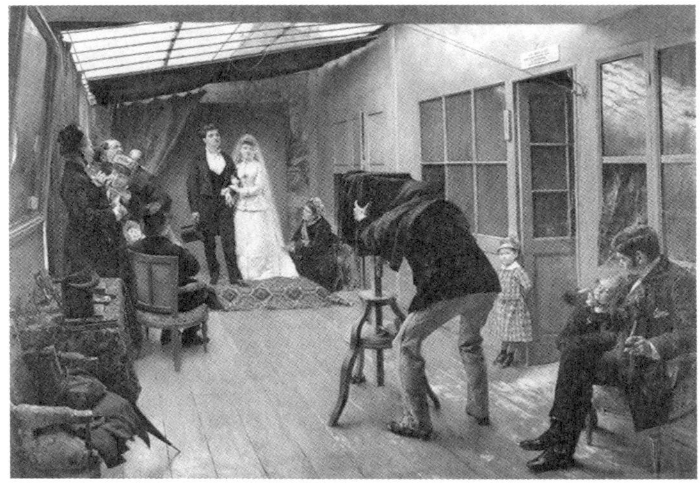

43 Pascal Dagnan-Bouveret, Eine Hochzeitsfeier beim Fotografen, 1879, Öl auf Leinwand, 120 x 81,9 cm, Lyon, Musée des Beaux-Arts

zurichten, als würden sie noch leben, und sie so in einem letzten Bildnis festzuhalten. Erst in den 1880er Jahren konnten fotografische Verfahren so weit vereinfacht werden, dass Privatleute ohne größeren Aufwand das eigene Leben und das ihrer Familie festhalten konnten. Voraussetzung dafür waren weitere Verkürzungen der Belichtungszeiten und die Erfindung des Zelluloidfilms. George Eastmans Firma in Rochester (New York) vertrieb ab 1889 die bereits mit empfindlichen Negativen bestückte Kamera *Kodak No. 1*, die man zur Entwicklung der Fotos an den Hersteller zurückschickte.

Aber nicht nur das private Leben begleitete die Fotografie mit neuen Bildern. Große Baumaßnahmen wie die Aufrichtung der Kolossalstatue der *Bavaria* von Ludwig Schwanthaler 1850 in München vor Leo von Klenzes Ruhmeshalle, die Errichtung von Joseph Paxtons Kristallpalast 1851 in London oder der Bau der Pariser Oper 1860–1874 unter der Leitung von Charles Garnier wurden durch Fotoserien dokumentiert. Ab den 1850er Jahren begannen Regierungen und Monarchen, die Monumente, die so-

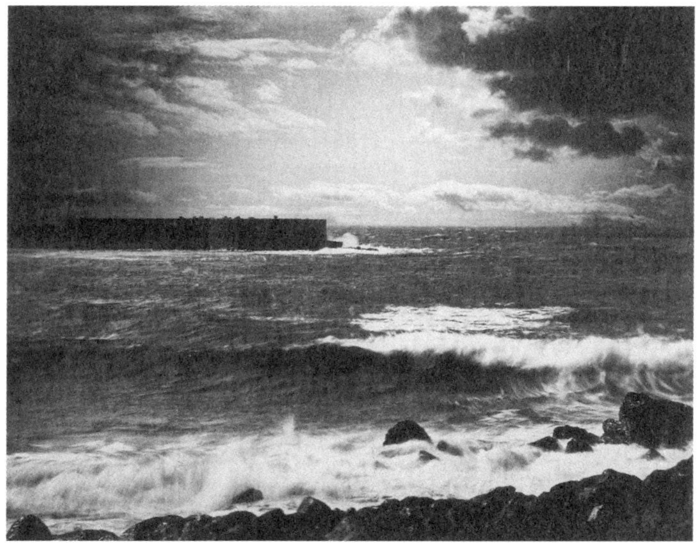

44 Gustave Le Gray, Die große Welle, Sète, 1857, Albuminpapier, 34,1 x 41,5 cm, Paris, Société Française de Photographie

zialen Einrichtungen, die Residenzen ihrer Länder, aber auch die Altertümer Ägyptens und anderer bedeutsamer Weltgegenden in fotografischen Büchern oder Mappen festhalten zu lassen. Derartige Dokumentationen traten das Erbe der Veduten- und Landschaftsmalerei aus der Zeit des Absolutismus an.

Der künstlerischen Landschaftsfotografie standen allerdings einige technische Hindernisse entgegen. Wählte man genügend lange Entwicklungszeiten, um die Textur von Felsen und Vegetation gemäß den Möglichkeiten der Fotografie hervortreten zu lassen, so waren die Himmel überbelichtet. Erst durch Doppelbelichtungen konnte es gelingen, jenen Zusammenklang der Formen von landschaftlichen Linien und Wolkenformationen wiederzugeben, der in der Landschaftsmalerei so unentbehrlich für den treffenden «Effekt» war. Durch das Verfahren des Sandwich-Negativs, bei dem ein fotosensibles Papier durch zwei mit unterschiedlichen Filtern angefertigte Platten belichtet wird, gelang es Gustave Le Gray zwischen 1856 und 1859, im Blick auf die Naturgewalten des Meeres eine spezifisch fotografische, temporale Komponente einzubringen (Abb. 44). In dieser Ansicht des Meeres bei Sète sind die Schaumkronen der bildparallelen Wellen in einer Weise unscharf, dass die Bewegung des Heranrollens nachempfindbar wird. Über dem dunklen Keil, welchen die Mole vor den Horizont schiebt, dräut ein von Wolken durchzogener Himmel. Die Aureole des Lichts in der Bildmitte umfängt keine Boote, die tragisch gegen die Elemente ankämpfen, sondern ein leeres Formereignis, das Ende der finsteren Kaimauer und die Öffnung des Blicks auf die unruhige See.

Le Gray war als Künstler akademisch geschult, als versierter Techniker war er aber auch an der Erfindung des nassen Kollodiumverfahrens beteiligt gewesen. Diesem Pionier der Fotografie folgten im späteren 19. Jahrhundert professionelle Fotografen und halbprofessionelle Amateure, die gezielt der Malerei nacheiferten. Die Bildausschnitte wurden so gewählt, dass sich aus der Linienführung und den Texturen abstrakte Gefüge ergaben. Den Anstoß des sogenannten Piktorialismus gab 1869 der Fotograf Henry Peach Robinson mit seiner Programmschrift *Pictorial Effect in Photography*. Die bald in allen europäischen und amerikanischen Zentren verbreitete Bewegung erhielt durch den Symbolismus in der Malerei neue Anregungen. Gegen Ende des Jahrhunderts suchte man überall in malerischer Unklarheit und düsterem Helldunkel neue Effekte, die einem von Hypnose und Suggestion begeisterten Publikum gefielen.

In Diskursen um politische, wissenschaftliche und soziale Verhältnisse hatte dagegen die dokumentarische Fotografie eine weit größere Wirkung. Der Krieg, den die meisten europäischen Mächte von 1853 bis 1856 auf der Krim gegen Russland um das Erbe des Osmanischen Reiches führten, war einer der ersten industrialisierten militärischen Auseinandersetzungen. Der Schrecken wurde erstmals von Fotografen wie Roger Fenton, James Robertson und Léon-Eugène Méhédin festgehalten. Die meisten Aufnahmen zeigten jedoch neben arrangierten Gruppenporträts von Soldaten allenfalls die zernarbte Landschaft. Etliche wurden für die Gestaltung gezeichneter Presseillustrationen oder gar von

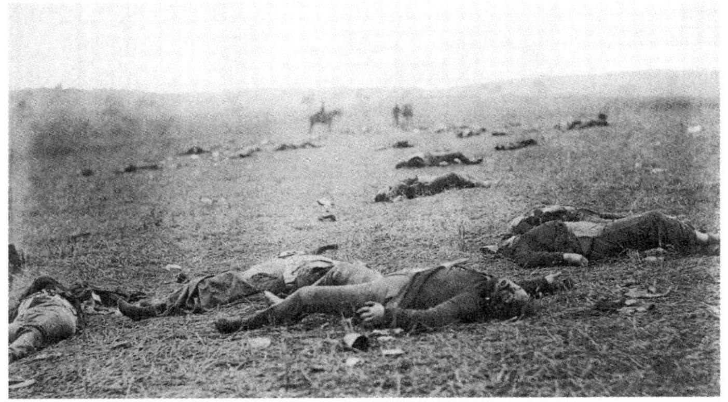

45 Timothy H. O'Sullivan, Vorkommnisse im Krieg. Die Ernte des Todes. Gettysburg, Juli 1863, Albumin-Silberdruck, 17,2 x 22,2 cm, Los Angeles, The John Paul Getty Museum

Panoramengemälden zu berühmten Schlachten herangezogen. Die Fratze des Todes blickte die Lebenden erst 1858 aus Anlass des Opiumkrieges in China aus den Fotos von Felice Beato an. Timothy H. O'Sullivan, dem es gelungen war, das komplizierte Kollodiumverfahren für die Kriegsfotografie zu mobilisieren, hielt wenig später die wichtigsten Schlachten des amerikanischen Sezessionskrieges 1861–1865 fest (Abb. 45). Berühmt wurde dabei u. a. sein Foto von Gefallenen, dem er 1863 den allegorischen Titel *Die Ernte des Todes* gab. Im Ersten Weltkrieg konnte die Fotografie, besonders die Fotos der Luftaufklärer von feindlichen Schützengräben, auch Teil der kalt kalkulierenden Kriegsmaschinerie sein. Romantisch inszenierte Aufnahmen toter Soldaten dienten zugleich der Propaganda. Die Fotografie drang solcherart in die Tagesaktualität, ja sogar bis in den Augenblick des Todes vor (Ulrich Pohlmann).

Derartige Bilder verdeutlichen, dass Fotografien kein passiver Spiegel der Wirklichkeit sind, sondern ein eindringliches Zeigen, immer auf halbem Wege zwischen dem Versuch, die Dinge für sich selber sprechen zu lassen, und einem voyeuristischen Interesse, dem «Verlangen nach dem Anblick von Erniedrigung,

Schmerz und Verstümmelung». Dass der fotografische Blick immer eine öffentliche *Praxis* ist, die kollektive Wahrnehmungen steuert und daher ethisch-politisch beurteilt werden muss, hat Susan Sontag herausgestellt. Ihre Untersuchungen über den gesellschaftlichen Umgang mit der Fotografie ergänzen Benjamins Analyse ihrer Zeitlichkeit. Manet knüpfte in seinem Gemälde *Die Erschießung des Kaisers Maximilian von Mexiko* (1868, Mannheimer Kunsthalle) an die ebenso versachlichende wie gerade dadurch erschütternde Augenblickshaftigkeit des fotografischen Bildes an. Im Juni 1867 war der Bruder des österreichischen Kaisers Franz-Josef entmachtet und exekutiert worden. In den beiden darauffolgenden Jahren hielt Manet das Ereignis in vier Leinwänden fest, von denen drei unvollendet blieben oder durch den Künstler selbst zerschnitten wurden.

Durch ihre Augenblickshaftigkeit hat die Fotografie auch die wissenschaftliche Vorstellung von Zeit beeinflusst. Schon früh hatten Zeitgenossen in Fotos die Blätter rauschen gehört und den Zug des Windes vernommen. Zwar wurden Momentaufnahmen in größeren Bildformaten erst in den frühen 1870er Jahren technisch möglich. Vorher jedoch waren bereits transitorische Vorgänge durch die Fotografie dokumentiert worden. Der Arzt Guillaume-Benjamin Duchenne veröffentlichte 1862 einen Atlas der menschlichen Physiognomie, in dem er die muskulären und neurophysiologischen «Mechanismen» der menschlichen Mimik untersuchte (Abb. 46). Dazu zog er das Modell eines älteren Schusters heran, dessen Gesichtsmuskulatur angeblich gelähmt war. Er reizte sie von außen mit schwachen elektrischen Strömen, mit denen er die Reizübertragung durch die motorischen Nerven imitierte. Die reflexartigen Ausdrucksbewegungen brachte er in ein System, das sich auch bei der Interpretation von Werken der bildenden Kunst wie dem Gesicht des Laokoon in der berühmten, 1506 entdeckten hellenistischen Skulpturengruppe bewähren sollte. Charles Darwin griff auf diese Arbeit zurück, als er seinerseits *The Expression of the Emotions in Men and Animals* untersuchte, so der Titel seines 1872 veröffentlichten, unter anderem mit Fotografien Duchennes illustrierten Werkes. Er suchte darin nachzuweisen,

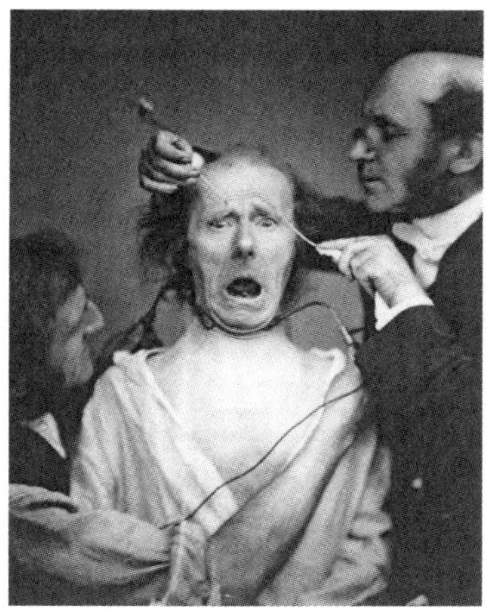

46 Guillaume-Benjamin Duchenne (genannt de Boulogne), Der Neurologe und ein Assistent reizen die Gesichtsmuskulatur eines angeblich gesichtsgelähmten alten Mannes durch Elektroden: Erschrecken mit Schmerz, Folter (Studie für: Mécanisme de la physiognomie humaine, Paris 1862), 1855/56, Abzug auf Salzpapier, 23 x 16,8 cm, Paris, École Nationale Supérieure des Beaux-Arts

dass die Mimik nicht kulturell geprägt, sondern weitgehend angeboren und unter allen Menschen gleich ist.

Spektakulär beeinflussten den anthropologischen Diskurs auch die Fotografien des Psychologen Jean-Martin Charcot, die dieser 1878 von den Anfällen von Hysterikerinnen veröffentlichte. In Vorlesungen, die auch Sigmund Freud besuchte, provozierte er bei den Kranken derartige Ausbrüche. Theoretisch führte Charcot, seit 1882 Inhaber des weltweit ersten Lehrstuhls für Krankheiten des Nervensystems an der Pariser Anstalt La Salpêtrière, die Hysterie auf das Nachlassen einer Nervenkraft zurück, durch die unterschiedliche Zentren des Gehirns geeint würden. Die Lehre von den bevorzugt weiblichen Symptomen der Hysterie wurde bald herangezogen, um soziale Phänomene wie die Prostitution, aber auch Verbrechen und selbst das Künstlertum zu erklären.

Eine neue Sichtbarkeit erschloss auch die sequentielle Fotografie Eadweard Muybridges. Von 1872 bis 1885 veröffentlichte dieser fotografische Experimentator zahllose Bewegungsstudien von Pferden, Vögeln und Menschen (Abb. 47). Die Individuen bewegten sich jeweils vor einer schwarzen Tafel, auf der zur Berechnung des Ablaufs ein Liniengerüst aufgezeichnet wurde. Im

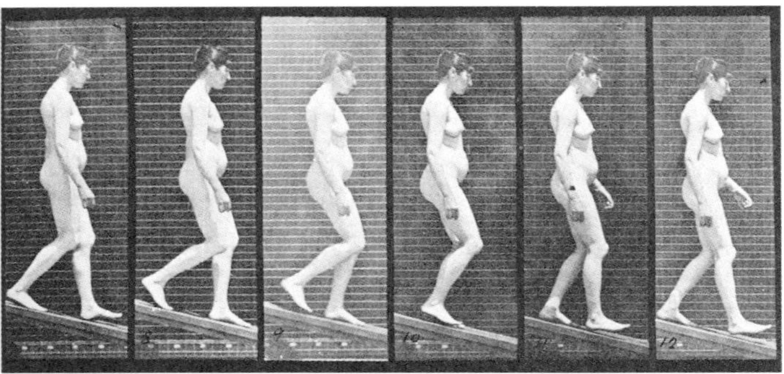

47 Eadweard Muybridge, Frau, eine Rampe herabschreitend, aus: ders., Animal Locomotion, Philadelphia 1872–1885, Tafel 117, Ausschnitt

Voranschreiten durchtrennten sie eine Reihe dünner Baumwollfäden, die ihrerseits vor der Bühne aufgestellte Kameras auslösten. Dieses Verfahren wirkte sich jedoch verzerrend aus, da die zeitlichen Intervalle zwischen der Durchtrennung der verschiedenen Fäden nicht gleich waren. Später erfand Muybridge einen Mechanismus, durch den die Bilder in gleichmäßigen Abständen geschossen wurden. Technisch und ästhetisch waren seine stark nachbearbeiteten Fotografien eine wichtige Voraussetzung für die in den 1890er Jahren folgende Erfindung des Kinos. Doch zunächst standen sie in Verbindung mit anderen Interessen. Der französische Physiologe Étienne-Jules Marey hatte schon 1873 ein Buch veröffentlicht, in dem er *Die tierische Maschine. Die Lokomotion zu Lande und in der Luft* analysiert hatte. Er hatte bewegte Individuen mit einem System von Kautschukblasen und -röhrchen versehen, mit dem er z. B. die Gangarten des Pferdes oder den Flügelschlag von Vögeln auf gleichförmig bewegten Trommeln graphisch aufgezeichnet hatte. Die Fotografie erleichterte seit den 1870er Jahren diese Forschungen. Seit den achtziger Jahren legte Marey durch seine Studien zum Vogelflug die Grundlagen der beginnenden Aviatik. Gegen Ende des Jahrhunderts wandte er sich auch ganz flüchtigen Bewegungen wie dem Wellengang oder den Schwingungen der Luft zu. Grundsätzlich ging es ihm darum, alles Bewegte in Verlaufskurven und Graphen zu übersetzen und dadurch der naturwissenschaftlich exakten Erkenntnis zugänglich zu machen.

Die Augenblickshaftigkeit von Degas' Malerei wurde gelegentlich auf die Serien von Muybridge und Marey zurückgeführt. Tatsächlich griff der Maler – wie gleichzeitig Ernest Meissonier – bei der Darstellung von Pferden auf die fotografischen Analysen der Gangarten der Tiere zurück. Doch hatte Degas transitorische Momente des bewegten menschlichen Körpers schon festgehalten, bevor er Chronofotografien kennenlernte. In der Malerei nahm er vorweg, was die Fotografie erst später leistete. In ähnlicher Weise kann die Malerei des Pointillismus als Vorwegnahme der Farbfotografie aufgefasst werden, die erst Anfang des 20. Jahrhunderts aus ihren experimentierenden Anfängen herausfand.

Das gedruckte Bild und die Durchdringung der Gesellschaft mit Bildern

Der Weg von der Welt der Kunst zum System der technischen Bildmedien führte über illustrierte Bücher und Zeitschriften. Bis nach der Jahrhundertwende erschlossen nicht Fotografien und Filme, sondern manuell hergestellte Illustrationen einem wachsenden Leser- und Betrachterkreis berichtende, unterhaltende und erzählende Bilder. Noch sechzig Jahre nach der Erfindung der Fotografie waren die Illustrierten mit Holzstichen und Lithographien versehen, die aufgrund von Zeichnungen ebenso wie von Fotos gestaltet wurden. Den Zeitschriften lieferten Korrespondenten und Ortskundige das Ausgangsmaterial für sprechende Kompositionen, wonach ein Heer von Künstlern, Zeichnern, Stechern und Facharbeitern das Bild in gut organisierten Fabriken von der Erfindung des Motivs bis zum Druck bearbeitete.

Die Begleitung des Alltagslebens durch aktuelle Bilder ist eine Errungenschaft des 19. Jahrhunderts. Allerdings war die Karikatur in Großbritannien schon im 18. Jahrhundert zu einem Genre geworden, das die öffentliche Debatte prägte. In Frankreich hob die massenhafte Bildproduktion mit der Propaganda während der Revolution an. Durch die Erfindung der Lithographie, die hohe Auflagenzahlen ermöglichte, erhielt die Karikatur in den 1820er Jahren entscheidende Impulse. Vor Honoré Daumier waren Nicolas-Toussaint Charlet und Denis Auguste Marie Raffet, beide Schüler des Baron Antoine-Jean Gros, Schöpfer neuer Bildtypen für die Darstellung typischer Gegenwartssituationen. Im frühen 19. Jahrhundert wurden auch die vormals oft naiven Formen des Bilderbogens professionalisiert, so dass sie das zeitgenössische Geschehen bald regelmäßig begleiten konnten. Die illustrierte Presse knüpfte eher daran an als an die Karikatur. Vor dem Hintergrund der naturalistischen Kunst suchte sie danach, durch einen anekdotenhaften, dabei aber zugleich sachlichen und charakterisierenden Stil den gesunden Menschenverstand der Betrachter zu treffen. Die Bilder sprachen sozusagen den gleichen Jargon wie der typische Leser aus dem fortschrittlichen Bürgertum.

Illustrierte waren zunächst ein teures, industriell produziertes Medium, das nur in einen großen nationalen Markt hinein lanciert werden konnte. So war es kein Zufall, dass England und Frankreich zunächst die Vorreiterrolle innehatten. Die erste moderne Illustrierte war *The Saturday Evening Post*, die seit 1821 erschien. Seit 1833 wurde in Paris das *Magasin Pittoresque* veröffentlicht. Bald war die Zeit auch reif für größere und seriösere Illustrierte, die sich an das jeweilige nationale Großbürgertum richteten: 1843 wurden in London die *Illustrated London News*, in Paris *L'Illustration* und in Leipzig die *Illustrierte Zeitung* gegründet. 1857 entstand in den USA *Harper's Weekly*, seit 1863 kam *La Vie Parisienne* heraus. 1869 wurde in London die anspruchsvolle Zeitschrift *The Graphic* gegründet, nach deren Vorbild wiederum in Paris seit 1879 *La Vie moderne* von Georges Charpentier vertrieben wurde (Abb. 2). Die großen, nach heutigen Standards sehr teuren Periodika zogen eine Flut von spezialisierten Heften, etwa Modezeitschriften, oder preisgünstigeren Formaten nach sich, die, auf die Bedürfnisse mittelständischer Familien zurechtgestutzt, oft von denselben Verlagen wie die luxuriösen Blätter produziert wurden (zuerst, seit

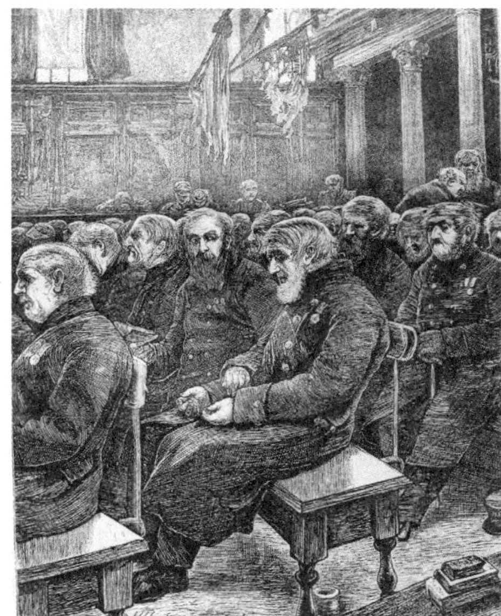

48 Hubert von Herkomer, Sonntag im Chelsea Hospital (Gottesdienst der Invaliden), aus: The Graphic, 18. Februar 1871, S. 151, Holzstich, 29,3 x 22,3 cm

1832, das Londoner *Penny Magazine*). Teilweise näherten sich die zahllosen Wochen- und Monatszeitschriften dem umfangreicheren, nur sparsam illustrierten Almanach, der das ganze 19. Jahrhundert hindurch florierte.

Die Produktion der Illustrationen war aufs Engste mit dem Kunstbetrieb verwoben. Die Figuren in den Bildern entsprachen immer mehr einem Kanon allgemeinverständlicher Stereotypen. Elemente wie Gestik, Mimik und Physiognomik wurden dazu gemäß einem sich herausbildenden Code gut lesbarer Formen vereinfacht. Motive, die von religiösen, mythologischen oder allegorischen Sujets her allgemein bekannt waren, wurden herangezogen, um neue Themen in verständliche Formen zu kleiden und die beabsichtigte pathetische Wirkung zu erreichen. Die Presse-Illustrationen wirkten ihrerseits auf die fortschrittliche Kunst zurück. Dies soll hier an einem Beispiel beleuchtet werden. Der nach London ausgewanderte Maler Hubert von Herkomer war als Illustrator sozial-humanitärer Szenen der öffentlichen Armenfürsorge bekannt. Seine Bilder erschienen oft, noch bevor sie in Ölmalerei ausgestellt wurden, als Holzstich oder Lithographie in der illustrierten Presse. Sein berühmtes Werk *Der letzte Appell. Sonntag im Königlichen Hospital, Chelsea* (Liverpool, Lady Lever Art Gallery) wurde 1875 mit größtem Erfolg in der Royal Academy in London gezeigt. Dem Gemälde war im Februar 1871 eine Illustration mit einem nicht ganz identischen Motiv in der Zeitschrift *The Graphic* vorausgegangen (Abb. 48). Der Druck wie das Gemälde zeigen englische Veteranen, die in der Kapelle des Altersheims in Chelsea beim Gebet sitzen, in sich gekehrt und schicksalsergeben. Einer greift nach dem Arm des neben ihm Sitzenden, um zu fühlen, ob er noch lebt: *The Last Muster*, der letzte Appell.

Van Gogh lernte das Werk durch größere Konvolute von *The Graphic* kennen, die er Anfang der 1880er Jahre zusammenkaufte. Begeistert schrieb er im Januar 1882 seinem Bruder Theo und erwähnte dabei auch Herkomers Holzstich. Dabei sprach er auch von seinen Mühen, «selber etwas zustande zu bringen, das realistisch und doch mit Gefühl gemacht ist». Wenige Wochen später beabsichtigte er sogar, seinerseits «Federzeichnungen von Volkstypen» für die Illustrierten zu fertigen. Bis zu dem Gemälde *Die Kartoffelesser*, seinem letzten in Holland entstandenen Werk (Abb. 49), blieb van Gogh als Figurenmaler tätig und verstand sich als Realist. In zahlreichen Vorstudien zu dem Bild fand er absichtsvoll zu einem Stil enthusiastischer Einfühlung. Die karikaturhafte Typisierung der Physiognomien, die vergrößerte Wiedergabe der steifen Arbeitshände, denen jede Bewegung zur plakativen Geste gerät, die Zusammendrängung der Perspektive und die düstere Farbigkeit haben allerdings nichts mit dem sentimentalen Realismus Herkomers zu tun. Die grotesk anmutende Kreatürlichkeit dieser Arbeitstiere kontrastiert mit den vergleichsweise konservativen Wertmaßstäben, nach denen der Künstler sein eigenes Werk beurteilte. Trotz seiner unverkennbaren expressiven Übertreibungen lässt das Gemälde die Betrachter zwischen Empathie mit den armen Teufeln und distanzierter Einschätzung schwanken. Das Zusammentreffen erscheint einmal als frugales Abendessen im Halbdunkel, dann

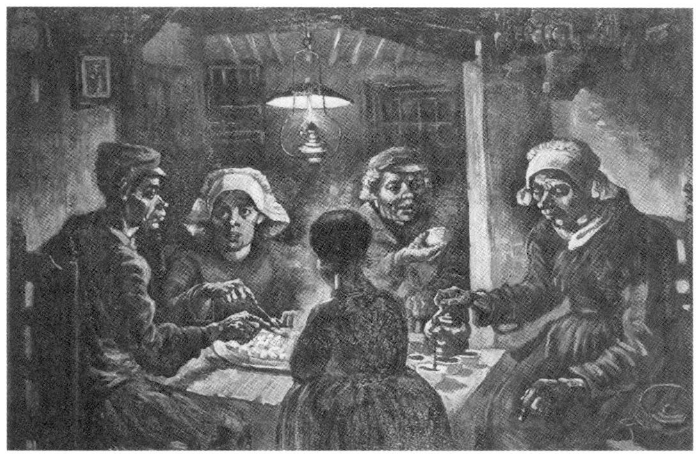

49 Vincent van Gogh, Die Kartoffelesser, 1884,
Öl auf Leinwand, auf Holz aufgezogen, 72 x 93 cm, Otterlo,
Rijksmuseum Kröller-Müller

wieder als zeremonielles Mahl von fast eucharistischer Bedeutungsschwere. Van Gogh selbst wechselte zwischen beiden Perspektiven, indem er die Bauern zunächst als «sie» beschrieb, bevor er sich mit ihnen identifizierte. Und doch führte er sie der gebildeten Welt vor – ein Beispiel des «krassen Aufeinandertreffens» (Griselda Pollock) zwischen der Perspektive des Bürgers und der Welt der Arbeiter und Bauern.

Von Sozialporträts der typischen Vertreter englischer Berufsstände, wie er sie in den *Illustrated London News* und in *The Graphic* kennengelernt hatte, war noch van Goghs reifes Porträtschaffen beeinflusst. In Arles malte er 1888 den Briefträger Joseph Roulin, der soeben Vater einer Tochter geworden war (Abb. 36). Mit kantigem Stolz posiert er raumgreifend vor einem Tisch. Die spärlichen Möbelstücke fügen sich nicht zu einer beruhigten Perspektive zusammen, sondern ergänzen sich zu einem instabilen, auf die Betrachter zu drängenden Liniengefüge. Aus der goldbesetzten Uniform, deren Tiefblau durch den Hintergrund noch gesteigert wird, blickt das vom Sonnenlicht fast gerötete Gesicht Roulins mit hochgezogenen Augenbrauen hervor. Die ungelenk abgespreizten Hände ragen aus den Ärmeln der schlecht sitzenden Uniform heraus. Van Gogh macht mit seinen Pinselzügen die Beugung seines vom selbstbewussten Posieren doch schon erschöpften Körpers nachempfindbar. Die Persönlichkeit des Briefträgers erfasst der Künstler liebevoll, indem er ihn im Spannungsverhältnis von Rollenidentifikation und kreatürlichem Bemühen vergegenwärtigt.

Mit Herkomers altem Soldaten sollte van Gogh sich gegen Ende seines Lebens identifizieren, als er einen Alten *An der Schwelle zur Ewigkeit* zeigte (Abb. 50). Auf einem Stuhl sitzt ein alter Mann im blauen Arbeitsanzug, der seinen Kopf in die zu Fäusten geballten Hände legt. Dahinter ist das bleckende Weiß eines Fensters zu sehen – eine Weißausblendung, auf die schon die Perspektive des Dielenfußbodens zudriftet. Van Gogh hatte das Modell, den alten Zuiderland, in seinen Studien zu einer Armenküche in Haag festgehalten und isolierte nun daraus das Motiv des armen Mannes. Die anekdotische Sentimentalität Herkomers wird zur überbordenden Verzweiflung angesichts des Todes verallgemeinert.

Dem «krassen Aufeinandertreffen» von Bürgern und Bauern in van Goghs Werk entspricht eine vielleicht noch krassere Konfrontation, die des gebildeten, vierer Sprachen mächtigen Sonderlings mit der kommerziellen Welt, ihren Bildern und Romanen, ihren Mythen und Klischees. Anfangs suchte er sich anzupassen und wollte Illustrator und ein naturalistischer Maler werden. Bald empfand er jedoch die hoffnungslose Distanz zu seinen Vorbildern als Mangel an Professionalität, den er zugleich auch verdrängte. Erst allmählich stand er dazu, etwas anderes zu wollen: ein Mitleid, das immer wieder gegen die ästhetische Distanz der naturalistischen Milieustudie anging, das letztlich, so sehr es sich auch der Sprache der Malerei bediente, den Menschen jenseits der geläufigen Charakterisierungen zu erreichen suchte. Van Gogh steckte im System der populären Medien und versuchte doch verzweifelt, draußen zu sein. Sein Anderssein, das er ahnte, aber nie ganz akzeptierte, legte er in sein Werk, um über Stereotypen hinauszugelangen.

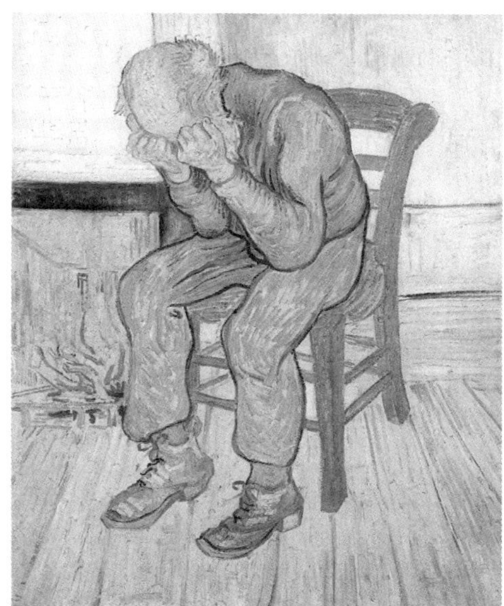

50 Vincent van Gogh, An der Schwelle zur Ewigkeit, 1890, Öl auf Leinwand, 80 x 64 cm, Otterlo, Rijksmuseum Kröller-Müller

Auch illustrierte Bücher beeindruckten Van Gogh. Sie ließen sich damals dank des Holzschnitts in sehr hohen Auflagen drucken. Dafür wurden die Holzschnittillustrationen durch Galvanisierung auf eine Metallplatte übertragen, so dass sie auf die Walze einer modernen Druckmaschine gebogen und gemeinsam mit dem Text gedruckt werden konnten. Dieser Prozess verbilligte auch die Herstellung. Einige der auf diese Weise illustrierten Werke prägten sich dem visuellen Gedächtnis so tief ein, dass noch der frühe Film auf ihre Themenkreise zurückgriff. Die *Voyages extraordinaires* von Jules Verne wurden seit 1864 durchweg aufwändig illustriert. Der erste erzählende Spielfilm von Georges Méliès aus dem Jahre 1902 ging auf Jules Vernes Reise *Von der Erde zum Mond* (1865) zurück, die Jacques Offenbach 1875 durch eine Operette weiter popularisiert hatte. Méliès konnte darauf bauen, dass sein Publikum Szene für Szene mit den bekannten Bildern aus der von Henri de Montaut illustrierten Ausgabe aus dem Jahre 1868 vergleichen konnte.

Gustave Doré war der berühmteste Illustrator seiner Zeit; er illustrierte die Märchen von Charles Perrault (1862) und die Fabeln von La Fontaine (1866), dazu Werke von Milton (1866), Dante (1861–1868) und Cervantes (1863), von Rabelais (1851), Balzac (1855), Poe und Byron. 1865 wurde eine französische, 1866–1870 dann eine englische Edition der Bibel von ihm mit mehreren hundert Holzstichen illustriert. Die populären Arbeiten wirkten noch in Bibelfilmen von David Wark Griffith (*Intolerance*, 1916) und Cecil B. DeMille (*Die zehn Gebote*, 1923) nach. Für die Arbeit an über neunzig illustrierten Büchern beschäftigte Doré vierzig Holzschneider. Seine oft bizarr übercharakterisierten Gestalten, die er, an Rembrandt geschult, aus schattenhaftem Dunkel hervorleuchten ließ, hinterlegte er oft mit weiten Landschaftskulissen oder labyrinthischen Architekturen. Seine phantastischen Szenarios beglaubigte er durch historistische, orientalistische oder biblische Kulissen. Doré fuhr die Ernte der klassizistischen ebenso wie der romantischen Tradition ein. Als unermüdlicher Motiverfinder vermochte er auch die zeitgenössischen Hauptstädte in eine theatralische Traumwelt zu verwandeln: Das 1869–1872 erschienene Werk *London. A Pilgrimage*, in dem er selbst den Pauperismus romantisch übersteigerte, beachtete nicht nur van Gogh; es prägt bis heute unsere Vorstellung von der industrialisierten Hauptstadt des British Empire.

Zu den bald omnipräsenten illustrierten Werken gehörte auch die sechzehnbändige *Household Edition* der Werke von Charles Dickens, die 1872–1877 bei Chapman & Hall mit ca. 450 Illustrationen größtenteils von Frederick Barnard erschien. Dem Publikum waren die Hauptpersonen bereits aus den detailreichen, dabei oft humoristischen Historienszenen bekannt, mit denen Hablot Knight Browne, genannt «Phiz», seit 1836 zehn Romane von Dickens illustriert hatte. Barnard, der an der Pariser Akademie bei Léon Bonnat studiert hatte, bebilderte die Gesamtausgabe durch stärker hervorgehobene Charaktere, die er oft in kontrastierenden Paaren auftreten ließ. Hatte «Phiz» die randlosen, ganzseitigen Illustrationen als Vorwand benutzt, um das Personal des Romans in pittoresken, vielfigurigen Szenen wie aus dem Nichts der Phantasie aufscheinen zu lassen, so erinnerten Barnards Darstellungen nicht mehr an romantische Vignetten; vielmehr kombinierte er genau charakterisierte Gestalten, die wie auf einer Porträtfotografie den Bildraum beherrschen, mit ebenfalls fotografischen Versatzstücken der Szene und des Ambientes. Nach 1879 ließ Barnard eine Serie von neunzehn Lithographien, *Characters from Dickens*, folgen. Van Gogh beschäftigte sich mit Dickens besonders in Paris und in seiner Zeit als Prediger und Seelsorger in der Borinage, später interessierten ihn auch die Illustrationen der *Household Edition.*

Die Entstehung des modernen Bildplakats

Ein weiteres Massenmedium entstand in den 1870er Jahren: das moderne Bildplakat. Jules Chéret sind dabei die entscheidenden Schritte zu verdanken. Erst als man in England neuartige Pressen entwickelt hatte, wurde die Verwendung sehr großer Lithosteine möglich. So wurde seit Mitte der 1880er Jahre das Plakatformat des *double colombier* (122 x 82 cm) in Frankreich geläufig. Die Verwendung weniger, doch stark kontrastierender Farben und die Hervorhebung eines attraktiven Hauptmotivs, dem auch der Text untergeordnet wurde, machten den Autodidakten Chéret in den 1880er Jahren zum konkurrenzlos führenden Plakatästhetiker. Bald verzichtete er sogar auf schwarze Konturen. Die meist ausgelassen tanzenden jungen Frauen, die er die Werbebotschaften vermitteln ließ, wurden als «Chérettes» zu einem Begriff. Huysmans meinte 1889, die grauen, monotonen Häuserzeilen von Paris seien einfach auf Chérets Plakate angewiesen; eine frenetische, narkotische Freude sei in ihnen wie in Pantomimen erstarrt. In Chérets Plakat der Loïe Fuller (Abb. 39) verbinden sich 1893 gleich mehrere Effekte modernen Spektakels. Die amerikanische Tänzerin trat in den *Folies-Bergère* auf, wo sie einen abgewandelten Schlangentanz vorführte, bei dem sie transparente Tücher im Schein des farbigen Lichts von elektrischen Scheinwerfern umherwirbelte. Chéret präsentiert sie in ekstatischem Tanz, mit durchgebogenem Rücken und nach hinten geworfenem Kopf, während Farbe und Licht auf ihrem Busen kulminieren. Ähnlich wie seine meist magereren Werbefrauen scheint die etwas realistischer beleibte Schönheit nahezu in der Luft zu schweben, allerdings im Dunkel der Bühne, das für die Lichtinszenierung ihres Tanzes unentbehrlich war.

Lange blieb Chéret neben dem Sonderling Toulouse-Lautrec der modernste unter den Gestaltern von Plakaten. Die Nobilitierung des neuen graphischen Mediums führte jedoch zu konservativeren Formen. In den 1890er Jahren setzte sich ein Stil durch, der von akademisch geschulten Malern und Graphikern getragen wurde. Der in Wien und München ausgebildete Tscheche Alfons Mucha siedelte anlässlich der Weltausstellung 1889 nach Paris über und wurde 1894 durch einen Plakatauftrag für das Theaterstück *Gismonda* von Sarah Bernhardt berühmt. Er wusste die Wirkungen Chérets mit einem historistischen Dekor zu kombinieren, den die berühmteste Schauspielerin ihrer Zeit in ihren Bühnenbildern und -kostümen zur Perfektion trieb. Ein Plakat von 1896 für Sarah Bernhardt, die im weißen Gewand theatralisch als *Kameliendame* posiert, galt als Inbegriff der *Belle Époque*.

Dem Beispiel Chérets folgte bald Henri de Toulouse-Lautrec, der als hochadeliger, krankhaft kleinwüchsiger Außenseiter ein Leben in den Tanzhallen, den Kabaretts und den Bordellen am Montmartre führte. Seit 1884 wohnte er in der Nähe der Place Blanche, wo ein Jahr später das *Moulin Rouge* eröffnete. Als Künstler, der in Ateliers studiert hatte, die von Akademielehrern geleitet wurden, konnte er den präzisen zeichnerischen Stil Degas' gut assimilieren. Wie dieser die luxuriöse Halbwelt rund um die Pariser Oper schonungslos festgehalten hatte, so wandte Toulouse-Lautrec sich dem weit niedriger angesehenen Vergnügungsbetrieb um die Place Pigalle zu – neben dem *Moulin Rouge* dem 1881 eröffneten Lokal *Le Chat Noir* und den verschiedenen Restaurationsbetrieben, die der populäre Sänger Aristide Bruant, kenntlich an seinem roten Schal, betrieb. Während Toulouse-Lautrec von 1889 bis 1894 regelmäßig Gemälde im *Salon des Indépendants*, im *Salon der Unabhängigen*, aus-

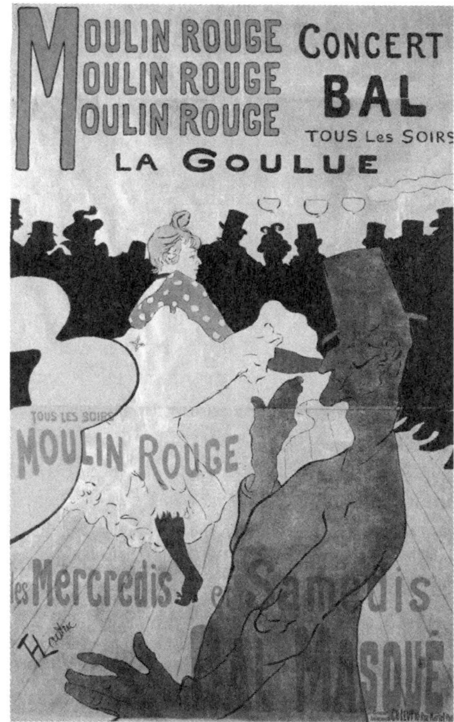

51 Henri de Toulouse-Lautrec, Moulin Rouge – La Goulue, 1891, Farblithographie, 191 x 117 cm, New York, Metropolitan Museum of Art

stellte, avancierte er gleichzeitig zum Plakatkünstler für die Betriebe am Montmartre. Sängerinnen wie Yvette Guilbert, die ihre langen schwarzen Handschuhe zu ihrem Markenzeichen machte, gestikulierten in ihren Vorführungen in ebenso grotesker Weise wie Tänzer und Tänzerinnen. In der Malerei und in seinen Plakaten übersetzte Toulouse-Lautrec diese Übersteigerungen in graphisch hochwirksame Silhouetten. Wenn er Posen und Attitüden seiner Charaktere festhielt, so wusste er das ganze Repertoire zwischen Porträt und Karikatur subtil durchzuspielen. 1891 warb er mit der Tänzerin Louise Weber, genannt «La Goulue» («Die Gefräßige»), die den Cancan-Tanz populär machte, für das Moulin Rouge (Abb. 51). Trotz ihres frenetischen Tanzes inmitten des Publikums gibt er das schöne Gesicht der raffinierten Schaustellerin respektvoll wieder. Vor ihr rudert der Tänzer Étienne Renaudin, genannt Valentin der Knochenlose, der bei Tage ein bürgerliches Leben führte, mit exaltierten Gesten über den Tanzboden. Als nahansichtig gegebene Vordergrundfigur bezieht er die Betrachter sogleich in das tanzende Publikum ein. Das skurrile Tanzpaar wurde auf dem 1889 aus Anlass der Weltausstellung veranstalteten Ball des *Moulin Rouge* zur sagenumwobenen Attraktion. Toulouse-Lautrec hielt die beiden auch in figurenreicheren Gemälden fest. Wenn man die beißenden Porträts, die er von seiner Freundin Suzanne Valadon anfertigte, mit denen Renoirs vergleicht, der fast verträumt ihre Schönheit feierte, so wird nicht nur seine Fähigkeit zur plakativen Charakteristik erkennbar. Trotz seines unübersehbaren Defaitismus betrachtet der Außenseiter seine Modelle mit einer kaum zu leugnenden Philanthropie, die sich deutlich von der kalten Ironie Degas' abhebt. Toulouse-Lautrec sympathisierte mit komödiantischer Selbstdarstellung ebensosehr wie mit dem Kreatürlichen im Menschen, dem unvermeidlichen Leiden und dem Scheitern.

Literaturhinweise

Stephen Eisenman, *Nineteenth Century Art. A Critical History*, London 1994.

Richard Brettell, *Modern Art, 1851–1929: Capitalism and Representation*, Oxford 1999.

Michelle Facos, *An Introduction to Nineteenth-Century Art*, London 2011.

Béatrice Joyeux-Prunel, *Les avant-gardes artistiques. Une histoire transnationale, 1848–1918*, Paris 2016.

Bertrand Tillier (Hg.), *L'art du XIXème siècle*, Paris 2016.

Sigmar Holsten (Hg.), *Elegant//expressiv. Von Houdon bis Rodin. Französische Plastik des 19. Jahrhunderts*, Katalog der Ausstellung in Karlsruhe (Staatliche Kunsthalle), Heidelberg 2007.

Hubertus Kohle (Hg.), *Geschichte der Bildenden Kunst in Deutschland*, Bd. 7: *Vom Biedermeier zum Impressionismus*, Darmstadt 2008.

Bernhard Maaz, *Skulptur in Deutschland. Zwischen französischer Revolution und erstem Weltkrieg*, 2 Bde., München 2010.

Kristin Marek u. Martin Schulz (Hg.), *Kanon Kunstgeschichte. Einführung in Werke, Methoden und Epochen*, Bd. 3: *Moderne*, München 2015.

Michelle Facos (Hg.), *A Companion to Nineteenth-Century Art*, Oxford u. Boston 2019.

Timothy J. Clark, *The Absolute Bourgeois. Artists and Politics in France 1848–1851*, London 1973.

Ders., *Image of the People. Courbet and the Second French Republic, 1848–1851*, London 1973.

Ders., *The Painting of Modern Life. Paris in the Art of Manet and his Followers*, London 1984.

Gérôme 1824–1904, Katalog der Ausstellung in Los Angeles (Getty Museum), Paris (Musée d'Orsay) u. Madrid (Stiftung Thyssen-Bornemisza), Paris 2010.

Petra Ten-Doesschate Chu, *The Most Arrogant Man in France. Gustave Courbet and the Nineteenth-Century Media Culture*, Princeton u. Oxford 2007.

Robert L. Herbert, *Impressionismus. Paris – Gesellschaft und Kunst*, Stuttgart u. Zürich 1989.

Charles S. Moffett (Hg.), *The New Painting. Impressionism 1874–1886*, Katalog der Ausstellung in San Francisco (Fine Arts Museum) u. Washington (National Gallery of Art), San Francisco 1986.

Michael Lüthy, *Bild und Blick in Manets Malerei*, Berlin 2000.

Barbara Wittmann, *Gesichter geben. Édouard Manet und die Poetik des Porträts*, München 2004.

Bradford R. Collins, *12 Views of Manet's Bar*, Princeton 1996.

Ségolène LeMen, *Monet*, Paris 2010.

Carol Armstrong, *Odd Man Out. Readings of the Work and Reputation of Edgar Degas*, Chicago 1991.
Anthea Callen, *The Spectacular Body. Science, Method and Meaning in the Work of Degas*, New Haven u. London 1995.
Michael F. Zimmermann, *Seurat. Sein Werk und die kunsttheoretische Debatte seiner Zeit*, Antwerpen u. Weinheim 1991.
Stephen Eisenman, *Gauguin's Skirt*, London 1997.
Lost Paradise. Symbolist Europe, Katalog der Ausstellung in Montreal (Museum of Fine Arts), Montreal 1995.
Michelle Facos, *Symbolist Art in Context*, Berkeley u. a. 2009.
Tim Barringer, *Reading the Pre-Raphaelites*, New Haven u. London 1999.
Dario Gamboni, *La plume et le pinceau. Odilon Redon et la littérature*, Paris 1989.
Barbara Larson, *The Dark Side of Nature. Science, Society, and the Fantastic in the Work of Odilon Redon*, University Park (Pa.) 2005.
Rosalind Krauss, «The Originality of the Avant-Garde» und «Sincerely Yours» [über Rodin], in: dies., *The Originality of the Avant-Garde and Other Modernist Myths*, Cambridge (Mass.) u. London 1986, S. 151–194.
Christian Lenz, *Hans von Marées*, München 1987.
Christian Drude, *Historismus als Montage. Kombinationsverfahren im graphischen Werk Max Klingers*, Mainz 2005.
Carl E. Schorske, *Fin-de-Siècle Vienna. Politics and Culture*, New York 1980.
Reinhold Heller, *Munch, his Life and Work*, London 1984.
Richard Shiff, *Cézanne and the End of Impressionism*, Chicago 1984.
Cézanne. Vollendet Unvollendet, Katalog der Ausstellung in Wien (Kunstforum) u. Zürich (Kunsthaus), Ostfildern-Ruit 2000.
Bernd Stiegler, *Philologie des Auges. Die photographische Entdeckung der Welt im 19. Jahrhundert*, München 2001.
Mary Warner Marien, *Photography: A Cultural History*, London [3]2010.
Peter Geimer, *Theorien der Fotografie zur Einführung*, Hamburg 2009.
Eine neue Kunst? Eine andere Natur! Fotografie und Malerei im 19. Jahrhundert, Katalog der Ausstellung in München (Kunsthalle der Hypo-Kulturstiftung), München 2004.

Bildnachweis

1: R. L. Herbert, Impressionismus. Paris – Gesellschaft und Kunst, Stuttgart, Zürich 1988; 2: Giuseppe de Nittis. Dipinti 1864–1884, hg. v. P. Agostini, Mailand 1990; 3: B. Colins (Hg.), 12 Views of Manet's Bar, Princeton 1996; 4: G. M. Ackerman, La Vie et l'œuvre de Jean-Léon Gérôme, Courbevoie 1992; 5: Musée d'Orsay. Die Gemälde, hg. v. Michel Laclotte u. a., London 1986; 6: akg-images; 7: Silvestro Lega, 1826–1895, hg. v. G. Matteucci, Bologna 1995; 8: S. Faunce, Gustave Courbet, New York 1993; 9: Musée d'Orsay. Die Gemälde, hg. v. Michel Laclotte u. a., London 1986; 10: bpk; 11: H. Locher, Deutsche Malerei im 19. Jahrhundert, Darmstadt 2005; 12: Monet & Japan, hg. v. V. Spate, Canberra 2001; 13: Artothek, Blauel/Gnamm; 14: akg-images; 15: Monet in Normandy, hg. v. H. Lemonedes u. a., New York 2006; 16: Bridgeman Berlin; 17: J. DeVonyar u. a., Degas and the Dance, New York 2002; 18: akg-images/Erich Lessing; 19: Segantini, hg. v. Beyeler Museum AG u. D. Segantini, Ostfildern 2011; 20: R. Kendall, Degas and the Little Dancer, New Haven, London 1998; 21: P.-L. Mathieu, Le Musée Gustave Moreau, Paris 1986; 22: J. Hauptmann, Beyond the Visible. The Art of Odilon Redon, New York 2005; 23: Seurat and the Making of La Grande Jatte, hg. v. R. L. Herbert, Chicago 2004; 24: B. Petrie, Puvis de Chavannes, Brookfield 1997; 25: La Sculpture au musée d'Orsay, hg. v. A. Pingeot, Paris 1995; 26: Paris, Musée Rodin; 27: bpk/Nationalgalerie, SMB/Jörg P. Anders; 28: Wadsworth Atheneum Museum of Art/Art Resource, NY/Scala, Florenz; 29: Gauguin and the Origins of Symbolism, hg. v. G. Solana, London 2004; 30: P. Vance, Gauguin, Paris 2003; 31: R. Barilli, Il simbolismo, Mailand 1967; 32: bpk/Scala; 33, 34: G. Winkler, Max Klinger, Leipzig 1984; 35: F. Novotny u. a., Gustav Klimt, Salzburg 1975; 36: Bridgeman Berlin; 37: Musée d'Orsay. Die Gemälde, hg. v. M. Laclotte u. a., London 1986; 38: Cézanne. The Late Work, hg. v. W. S. Rubin, New York 1977; 39: La Belle Époque de Jules Chéret. De l'affiche au décor, hg. v. R. Bargiel, Paris 2010; 40: G. Adriani, Paul Cezanne, München 2006; 41, 42: B. Newhall, Geschichte der Photographie, München 1998; 43: Musée des Beaux-Arts de Lyon; 44: Realismus, hg. v. Chr. Lange u. N. Ohlsen, München 2010; 45: M. W. Marien, Photography, London 2002; 46: Duchenne de Boulogne, 1806–1875, hg. v. d. École Nationale Supérieure des Beaux-Arts, Paris 2004; 47: Muybridge's Complete Human and Animal Locomotion, Bd. 1, hg. v. E. Muybridge, New York 1979; 48: L. MacCormick Edwards, Herkomer. A Victorian Artist, Brookfield 1999; 49: Van Gogh in Brabant, hg. v. Museum 's-Hertogenbosch, 's-Hertogenbosch 1987; 50: Van Gogh und die Haager Schule, hg. v. R. Dorn, Wien 1996; 51: G. Adriani, Toulouse-Lautrec. Das gesamte graphische Werk, Köln 1986

Personenregister